Bernhard Hülsebusch

DER STELLVERTRETER JESU

DER
STELLVERTRETER
JESU

Geheimnis und Wahrheit

der Papstwahl

Bernhard Hülsebusch

Ein Titeldatensatz für diese Publikation ist bei der
Deutschen Bibliothek erhältlich.

© St. Benno Buch- und Zeitschriftenverlagsgesellschaft mbH
Leipzig 2002
Umschlaggestaltung: Ulrike Vetter, Leipzig
Herstellung und Satz: Kontext, Lemsel
Printed in the Czech Republic

INHALT

Macht und Geheimnis der Päpste

Wer wird der nächste Papst? Nach welchen mutmaß-
lichen Kriterien werden die Kardinäle den Nachfolger
Johannes Pauls II. wählen?Und was erwartet sich der
„Senat der Kirche" von ihm? Je älter Karol Wojtyła
wird, je mehr sich also sein langes Pontifikat dem
Ende zuneigt, umso häufiger stellt man diese Fragen.
Keineswegs nur in Rom, sondern weltweit im Katho-
lizismus und, mit größerer Distanz, auch im Kreis vieler nichtkatholischer Christen, denen der Dialog mit
der römischen Kirche am Herzen liegt. Priester, Laien,
Politiker: Das Thema „Papst-Nachfolge" lässt, besonders in Europa, niemanden völlig gleichgültig. Damit
aber rückt erneut das Konklave in den Mittelpunkt der
öffentlichen Aufmerksamkeit, jenes merkwürdige, ein-
zigartige Verfahren, in dem die wahlberechtigten Purpurträger den neuen Bischof von Rom, sprich: den
Papst küren.

Keine andere Wahl ist so von Geheimnissen umwoben.
Wer Details aus dem Konklave ausplaudert und er-
tappt wird, riskiert die Exkommunikation. Wer Aufnahmegeräte oder Zeitungen in den vatikanischen Wahl-
raum, die mit Michelangelos Fresken geschmückte
Sixtinische Kapelle, schmuggelt, dem drohen schwere
Kirchenstrafen. Johannes Paul II. hat in einem um-
fangreichen Dokument mit sehr präzisen Vorschriften
die Geheimhaltungspflicht beim Konklave bekräftigt

und allen Beteiligten eingeschärft. Uralte Rituale, feierliche Gesten und symbolische Handlungen bestimmen den Verlauf des Konklaves. Man denke nur an die Tradition, durch schwarzen Rauch aus dem Schornstein der „Sixtina" einen erfolglosen Wahlgang, durch weißen Rauch jedoch die erfolgte Wahl anzuzeigen.

Der Gewählte ist das geistliche Oberhaupt von über einer Milliarde Katholiken. Und selbst wenn zahlreiche Taufschein-Katholiken (nicht zuletzt im deutschsprachigen Raum) dem Papsttum sehr kritisch gegenüberstehen, bezweifelt kaum jemand die Macht dieser traditionsreichen Institution. Der Papst, schrieb der protestantische Historiker Leopold von Ranke vor rund 120 Jahren, leitet die „am besten zusammengreifende Organisation in der heutigen Welt". Dieses bewundernde Urteil über die katholische Kirche gilt noch immer. Macht und Geheimnis der Päpste aber werden auch im Zusammenhang mit ihrer Wahl evident. Zwar kann theoretisch jeder Katholik, wenn er männlichen Geschlechts und zurechnungsfähig ist, zum Pontifex erhoben werden, doch seit 1389 wurden alle Päpste aus dem Kreis der Kardinäle gewählt.

„Konklave"stammt vom lateinischen „cum clave" (mit Schlüssel). Der Begriff umschreibt sowohl den abgeschlossenen Raum, in dem sich die Purpurträger zur Wahl des Pontifex versammeln, als auch diese Versammlung selbst. Zwar ist das Konklave in gewisser Weise ein Überbleibsel aus jenen Zeiten, in denen die Papstwahlen von außerkirchlichen Tumulten und Einflüssen bedroht waren – insofern mutet die ganze Prozedur fast archaisch an. Doch die Abgeschlossenheit (im buchstäblichen Sinn) bietet noch heute Gewähr für äußere Ruhe und innere Sammlung sowie für den

Schutz vor Indiskretionen als Vorbedingung der wichtigen Entscheidung.

Vielleicht rührt die Faszination des Konklaves auf die Außenwelt auch von scheinbaren Widersprüchen her: Ausgerechnet dieses altmodische, auf rund 120 Männer beschränkte Wahlverfahren garantiert den Weiterbestand der bedeutenden „Institution Papsttum"; und trotz aller Versuchungen durch die modernen Kommunikationsmittel – bis hin zum Handy – versprechen die Kardinäle, sich an die Geheimhaltungspflicht zu halten. Dass *nach* den Konklaven dann doch vieles über die jeweilige Wahl durchsickert, steht auf einem anderen Blatt.

Zwar demonstrieren die Römer angesichts des Konklaves Gelassenheit. „Wenn ein Papst stirbt, macht man halt einen neuen", besagt ein Sprichwort, mit dem sie beweisen möchten, dass sie sich da nicht sonderlich aufregen. Doch die Gelassenheit ist nur Fassade. In Wahrheit nehmen sehr viele Römer leidenschaftlich Anteil an den kirchlichen Macht- und Richtungskämpfen, die jedes Konklave nun mal begleiten. Mancher inzwischen grauhaarige Bewohner der Tiberstadt kann stolz behaupten, er habe sechs Päpste erlebt. Der betagte Expremier Giulio Andreotti, ein Römer mit gutem Draht zum Vatikan, schrieb gar ein Buch mit dem Titel „Meine sieben Päpste". Andreotti verfolgt ebenso gespannt wie andere Politiker alle Vorgänge im Vatikan, die sich auf das nächste Konklave auswirken könnten. Für die meisten Italiener ist die Papstwahl schlechthin „un giallo", ein Krimi.

Das vorliegende Buch will die Besonderheit und Bedeutung des Konklaves in knapper Form veranschaulichen. Dazu gehört die Schilderung der Anfänge im Mittelalter ebenso wie die Beschreibung der letzten vier Konklaven. Und eine Liste der eventuellen Papstkandidaten, der „papabili", beim Stande von Anfang 2002 kann ebenso wenig fehlen wie der Hinweis auf einflussreiche Kardinäle, die zwar selbst nicht als „papabili", wohl aber als eine Art Großwähler gelten. Kurzum, dieser Band möchte mithelfen, das Konklave, die Versammlung der Eingeschlossenen, gleichsam zu entschlüsseln.

Kurioses rund um die Konklaven gibt es in Hülle und Fülle. Hier nur zwei Beispiele aus jüngster Zeit:

27. Oktober 1958. Während der Papstwahl drang Rauch aus dem dünnen Schornstein über dem Giebel der „Sixtina". Pater Pellegrino von Radio Vatikan war ganz sicher: „Kein Zweifel, der Rauch ist weiß!" und ließ freudig erregt seine Hörer wissen. „Also ist der Papst gewählt." Die Nachricht verbreitete sich wie ein Lauffeuer unter den neugierig Wartenden auf dem Petersplatz. Jubel brach aus. Doch plötzlich änderte sich die Farbe des Rauchs. Nun war sie eher grau, dann wurde sie schwarz. Die Menge murrte. Ein betagter römischer Adliger, der schon mehrere Papstwahlen erlebt hatte, sagte der Presse irritiert, noch nie habe er Konklave-Rauchzeichen „von so wechselnder und missverständlicher Farbe gesehen". Richtig weißen Rauch gab's erst einen Tag später, nach der Wahl Angelo Giuseppe Roncallis zum Papst.

16. Oktober 1978. Unter den wenigen Kardinälen im Konklave, die den Krakauer Oberhirten Karol Wojtyła überhaupt nicht kannten und schon deshalb für andere Kandidaten stimmten, war offenbar Mario Casariego aus Guatemala. Kurz nach dem achten Votum, in

dem Wojtyła die nötige Mehrheit erhielt, glaubte Casariego (wie er später erzählte), bei dem herrschenden Geflüster den Namen „Bottiglia“ zu hören und wollte mehr über diesen Mann erfahren. „Bottiglia“ heißt auf deutsch Flasche. Wojtyła hörte das Getuschel. Wenig später, als Casariego den Gewählten ehrfürchtig begrüßte, sagte der neue Papst ganz freundlich zu ihm: „Jetzt wissen Sie also, wer Bottiglia ist.“

Spekulationen um die Rauchzeichen, Spekulationen um Papstkandidaten und Wahlgänge: Die Konklaven bieten Anlass genug zum Rätselraten. Um das Verfahren der Papstwahl zu erläutern, laden wir den Leser zunächst zu einem Ausflug in die Vergangenheit ein.

Vom Wirrwar zur Ordnung:
Die ersten Konklaveregeln

Die heute gültigen Normen der Papstwahl haben sich erst langsam, im Verlauf von beinahe 1000 Jahren herausgebildet. Fast jede Vorschrift ist irgendwann einmal die Antwort auf eine besondere, zu einer Neuerung zwingende Situation gewesen. So entstand, wie der Historiker Horst Fuhrmann betont, eine Wahlordnung „von unvergleichlicher Ausgewogenheit ... Sie ist gleichsam das Werk historischer Vernunft."

Werfen wir also einen Blick zurück in die Geschichte. In eine Geschichte, die trotz aller Irrungen und Wirrungen den Wunsch der Kirche erkennen lässt, dem Papsttum Dauerhaftigkeit zu verleihen. Bis 1870 war der Bischof von Rom ja nicht nur geistlicher Führer aller Katholiken, sondern überdies auch weltliches Oberhaupt des Kirchenstaates, und er ist, wie es einer seiner Titel besagt, ja immer noch „Souverän des Staates der Vatikanstadt". Insofern stimmt: Die Päpste sind die einzige Herrscherreihe, die von der Antike bis in unsere Zeit reicht.

Am Anfang stand der Apostel Petrus. „Du bist Petrus, und auf diesen Felsen will ich meine Kirche bauen, und die Pforten der Hölle werden sie nicht überwältigen", sagte Jesus laut Matthäus-Evangelium seinem Jünger. „Und ich gebe dir die Schlüssel des Himmel-

Perugino: „Christus übergibt Petrus die Schlüssel zum Himmelreich“ (Ausschnitt); Fresko in der Sixtinischen Kapelle, um 1482 entstanden

Die Papstkirche – der Petersdom in Rom

In der Kuppel des Petersdomes stehen in lateinischer Schrift die berühmten Worte Jesu an Petrus: „Ich gebe dir die Schlüssel des Himmelreiches" (Mt 16,18)

Die Sixtinische Kapelle, Ort aller Papstwahlen seit 1878

reiches" (Mt 16,18). Die berühmten Worte stehen, auf lateinisch, in zwei Meter hohen Buchstaben in der gewaltigen Kuppel des Petersdomes, die sich als Krönung über dem Grab des Petrus erhebt. Denn auf diese Schlüsselszene und auf die Überzeugung, dass eben hier Petrus ruht, gründen seit alters her die Päpste – als Nachfolger des Apostelfürsten – ihren Anspruch auf die Leitung der gesamten Kirche. Der Überlieferung zufolge war Petrus einst aus Palästina nach Rom gereist, wo er an die Spitze der jungen Christengemeinde trat und als Märtyrer unter Kaiser Nero, etwa gleichzeitig mit dem Apostel Paulus, starb.

Im „Annuario Pontificio", dem Päpstlichen Jahrbuch mit allen wichtigen Daten über die katholische Kirche, ist der heilige Petrus selbstverständlich als erster Papst genannt. Dennoch: Der Vorsteher der römischen Gemeinde hat sich gewiss nicht „Papst" genannt. Der Begriff stammt vom griechischen Wort papas oder pappas, Vater, her; man hat ihn im griechischen Osten auf alle Kirchenoberen angewandt. In der lateinischen Westkirche gab es seit dem 5. Jahrhundert die Tendenz, diese Bezeichnung nur auf den römischen Bischof anzuwenden. Papst Liberius (352-366) setzte den Bischofssitz von Rom mit dem „Apostolischen Stuhl" gleich. Und da man Rom bei innerkirchlichem Streit oft als Schiedsrichter anrief, wurde der Primatsanspruch des dortigen Oberhirten bekräftigt. Gregor VII. im 11. Jahrhundert war es dann, der den Titel „Papst" für sich allein beanspruchte. Einige Zeit später betitelten sich die Päpste überdies als „Vikare Christi", als Stellvertreter Jesu auf Erden. Ihre Insignien, also die äußeren Zeichen ihres Ranges: der Thron und die Tiara, der spezielle Hirtenstab, der Fischerring und die päpstlichen Gewänder.

GIOVANNI PAOLO II

VESCOVO DI ROMA

VICARIO DI GESÙ CRISTO

SUCCESSORE DEL PRINCIPE DEGLI APOSTOLI
SOMMO PONTEFICE DELLA CHIESA UNIVERSALE
PATRIARCA DELL'OCCIDENTE
PRIMATE D'ITALIA
ARCIVESCOVO E METROPOLITA DELLA PROVINCIA ROMANA
SOVRANO DELLO STATO DELLA CITTÀ DEL VATICANO

SERVO DEI SERVI DI DIO

KAROL WOJTYŁA

nato in Wadowice (Kraków) il 18 maggio
1920; ordinato Sacerdote in Kraków il 1° novem-
bre 1946; eletto alla Chiesa titolare di Ombi il
4 luglio 1958 e consacrato il 28 settembre 1958;
promosso a Kraków il 13 gennaio 1964; creato
e pubblicato Cardinale nel Concistoro del 26
giugno 1967

Seguirono in Roma, nel 1978

la Sua elezione al Pontificato: 16 ottobre

l'inizio solenne del Suo ministero
di Pastore universale della Chiesa: 22 ottobre

Der vollständige Titel des Papstes laut Annuario Pontificio 1994

14

Machtkämpfe und Intrigen
um das Papstamt

Wie wurde der Bischof von Rom ursprünglich gewählt? Nun, genauso wie andere Oberhirten auch – durch „Klerus und Volk". Ein offenbar demokratisches Verfahren also. Wahrscheinlich ist allerdings, dass die ersten Bischöfe selber starken Einfluss nahmen und noch zu Lebzeiten ihren Nachfolger mitbestimmten – damit in Jahren schwerer Verfolgung und dem eventuellen gewaltsamen Tod des Oberhirten ja keine Fühungskrise entstünde. Wie auch immer, die demokratische Wahl funktionierte. Allerdings nur, solange die Gemeinde vergleichsweise klein war. Als sie wuchs und der Bischof in der Hauptstadt des römischen Reiches immer wichtiger wurde, begannen Richtungskämpfe und Spaltungen. Der erste große Krach erfolgte im dritten Jahrhundert. Bald nach der Wahl von Bischof (und Papst) Calixtus I. nämlich erhoben dessen Gegner einen anderen, Hippolyt, zum ersten Gegenpapst der Geschichte.

Durch Kaiser Konstantin avancierte das Christentum zur Staatsreligion im römischen Reich. Deshalb interessierten sich die weltlichen Herrscher in wachsendem Maß dafür, *wer* zum Bischof der Hauptstadt gewählt wurde. Die Folge: Ständige Einmischung von außen. Mehrere Päpste wurden der Kirche vom oströmischen Kaiser aufgezwungen. Die neugewählten Nachfolger Petri mussten mitunter monatelang auf die Zustimmung aus Byzanz warten, bevor sie ihr Amt antreten konnten. Später übten deutsche Kaiser und Könige Druck auf die Wahl aus. In Rom herrschten wirre Verhältnisse, was auch der Legendenbildung Vorschub leistete. Die merkwürdigste Legende besagt, im 9. Jahrhundert habe eine „Päpstin Johanna" vorübergehend den römischen Bischofsstuhl eingenommen. Weiteste Verbreitung fand die Mär durch eine im Spätmittelalter vielbenützte Chronik, die erzählt: Eine junge Frau aus Mainz, die in Athen studierte, kam als Mann verkleidet nach Rom und wurde dort wegen ihrer Gelehrsamkeit nach dem Tod Leos IV. im Sommer 855 als „Johannes Anglicus" zum Papst gewählt; nach einer Regierung von gut zwei Jahren brachte sie bei einer Prozession – zum Entsetzen der Römer – ein Kind zur Welt und starb bei der Geburt.

Zwar ist historisch längst erwiesen, dass es sich um eine Legende handelt. Dennoch wurde sie lange Zeit weithin geglaubt. Die niederkommende Päpstin ist oft bildlich dargestellt worden; sie lieferte noch in jüngster Zeit den Stoff für viele Romane. In Wahrheit wurde damals, im 9. Jahrhundert, nach dem Tod Leos IV. ganz rechtmäßig ein Mann, Benedikt III., zum Papst erhoben. Dessen Nachfolger, Nikolaus I., der den Beinamen „der Große" trägt, hat auf einer Synode die Papstwahl zu einer rein geistlichen Angelegenheit erklärt – damit zeichnete sich die langsame Verdrängung der Laien aus dem Verfahren ab.

Dies hieß freilich nicht, dass es fortan „fromm" zuging, dass man sich bei der Suche nach einem Petrusnachfolger an hohe christliche Ideale hielt. Im Gegenteil. Im späten 9. und im 10. Jahrhundert wurde das Papsttum zu einem Spielball weltlicher Mächte und Gruppen, besonders der römischen Adelsfamilien. Schändliche Intrigen, Ämterkauf und Gewalttaten nahmen überhand. Johannes VIII. wurde 882 vergiftet oder erschlagen. Dieser schauerliche Papstmord, klagt der Kirchenhistoriker Georg Schwaiger, „leitete eine der dunkelsten Zeiten der gesamten Papstgeschichte ein, eine Zeit trostloser Entartung". Nicht dass alle Päpste, die sich seit 882 bis zum Eingreifen Kaiser Ottos I. in rascher Folge ablösten, unwürdig gewesen wären. „Aber in der ganzen Zeit war das Papsttum in drückender Abhängigkeit von rivalisierenden Adelsparteien. Es wurde hineingerissen in wüste Parteikämpfe. Der Stuhl Petri sank zu kläglicher Ohnmacht herab."

Zwar haben dann deutsche Kaiser den weiteren Niedergang vorübergehend gestoppt, indem sie – um die eigene Macht zu stärken – die Papstwahl praktisch in die Hand nahmen. Otto I. forderte von den Römern das Versprechen, dass sie keinen Papst ohne seine oder seines Sohnes Zustimmung wählen würden. Otto III. designierte seinen Vetter Bruno von Kärnten zum ersten deutschen Papst. Doch die römischen Adelsintrigen rissen nicht ab. Und sie führten im frühen 11. Jahrhundert zu einem Tiefpunkt der Kirchengeschichte. Graf Alberich von Tusculum schaffte es, 1032 seinen wohl erst 14jährigen Sohn Theophylakt zum Papst küren zu lassen. Theophylakt nannte sich Benedikt IX. Ein „record man", denn er brachte das Kunststück fertig, mit kurzen Intervallen dreimal Papst zu werden (genau so steht es in der offiziellen vatikanischen Papstliste).

Im Detail: Der Teenager auf dem Stuhl Petri wurde nach kurzer Herrschaft vertrieben, woraufhin das Volk für drei Wochen Sylvester III. ins höchste Kirchenamt hievte. Dann kehrte Benedikt zurück, überließ aber bald darauf den Papstthron gegen Geld seinem Landsmann Gregor VI. Auf der Synode von Sutri wurde er zwar mitsamt Silvester und Gregor abgesetzt, regierte später aber nochmals kurze Zeit.

Derlei skandalöse Vorgänge machten klar: Die Beteiligung von „Volk und Klerus" in Rom bot nicht die geringste Gewähr für eine „ordentliche" Papstwahl. Das Chaos und der Sittenverfall in der Tiberstadt empörte viele Christen. In der Tat hatte sich, vom burgundischen Kloster Cluny ausgehend, eine Reformbewegung gebildet, die gegen die Missstände kämpfte. So kam es um die Mitte des 11. Jahrhunderts zu einer folgenreichen Wende.

Vormarsch der Kardinäle

Der Reformerflügel, deren Motor der Mönch Hildebrand – der spätere Gregor VII. – war, drängte auf eine von weltlicher Einmischung wahrhaft „freie" Papstwahl nach möglichst festen Regeln. In diesem Sinne erließ Nikolaus II., bürgerlich Gerhard von Burgund, auf der Lateransynode von 1059 die Bulle „In nomine Domini" (Im Namen des Herrn). Sie übertrug den Kardinälen – und zwar zunächst nur den sogenannten Kardinalbischöfen – das Recht zur Papstwahl. Die (niedriger rangierenden) Kardinalpriester sowie der übrige römische Klerus und das Volk sollten der jeweiligen Entscheidung nur noch nachträglich zustimmen. Dem Kaiser und seinen Nachfolgern wurde das Recht der Bestätigung eingeräumt.

Damit traten die Kardinäle gleichsam ins Rampenlicht. Kardinäle? Der Begriff leitet sich von „cardo" ab, was wörtlich Türangel, Angelpunkt bedeutet, im weiteren Sinn jedoch Hauptsache, Hauptkirche. Die „cardinales" waren einflussreiche Kleriker, die als Oberhirten in der Umgebung Roms, den so genannten suburbikarischen Diözesen, oder als Priester in den wichtigsten Kirchen der Tiberstadt oder als Diakone im Sozialdienst dem römischen Bischof als Ratgeber und Helfer zur Seite standen. Bereits für das 4. Jahrhundert sind in Rom „presbyteri et diaconi cardinales" belegt. Sicher haben sie an der Wahl des römischen Bischofs teilgenommen, aber erst die erwähnte Bulle von 1059 legte ihr besonderes Recht fest. Ein Exklusivrecht, das den Ausgeschlossenen freilich gar nicht passte.

Der Wahlmodus blieb denn auch lange Zeit umstritten. Bezeichnenderweise wurde der bedeutende Reformpapst Gregor VII. im Juni 1073 nicht gemäß dem Dekret seines Vor-Vorgängers gewählt, sondern vom römischen Volk in einer tumultartigen Szene zum Papst ausgerufen. „Wie Wahnsinnige haben sie sich auf mich gestürzt und mir keine Gelegenheit zum Sprechen oder Überlegen gegeben", schrieb Gregor später. Allerdings besteht der Verdacht, dass der Coup, mit dem man die Kardinalbischöfe umging und der Wahl plebiszitären Charakter verlieh, gut geplant war.

In der Folgezeit setzten sich zwar die vom Papst ernannten Kardinäle als Wahlmänner durch – sie waren die „Papstmacher". Aber dies allein garantierte keineswegs einen geregelten Wahlverlauf mit einem von allen Beteiligten akzeptierten Ergebnis. Immer mal wieder kam es zu Doppelwahlen, zur Erhebung von

Gegenpäpsten. Die Wahl von Alexander III., bürgerlich Rolando Bandinelli, 1159 in der Peterskirche artete sogar in Handgreiflichkeiten aus. Denn als sich der von den meisten Kardinälen erkorene Rolando den päpstlichen Mantel anlegte, gingen seinem Widersacher Ottaviano de Monticello die Nerven durch. Er verstieg sich, so Alexander später, „zu solchem Wahnsinn, dass er den Mantel wie ein Besessener von unserem Nacken brutal herunterriss und unter lautem Getöse mit sich schleppte". Ottaviano, den von außen der Pfalzgraf Otto von Wittelsbach und andere Deutsche unterstützten, nannte sich Viktor IV. – laut offizieller Liste ein Gegenpapst.

Der zweifellos rechtmäßige Petrusnachfolger Alexander zog die Konsequenz aus dem empörenden Zwischenfall bei seiner Wahl und aus dem folgenden, langen Kampf gegen Viktor IV.: Auf dem 3. Laterankonzil von 1179 setzte er den Beschluss durch, dass als Papst nur anerkannt wird, wer die Stimmen von zwei Dritteln der Kardinäle auf sich vereinigt. Die Vorschrift der Zweidrittelmehrheit sollte sich bewähren. Tatsächlich gab es in den nächsten zwei Jahrhunderten kaum Doppelwahlen. In der Zwischenzeit bürgerte es sich ein, dass auch „auswärtige", nicht in Rom oder Umgebung ansässige Prälaten, darunter auch Nichtitaliener, zu Kardinälen ernannt wurden.

Die Einrichtung des Kardinalskollegiums und die Zweidrittelmehrheit zielten darauf ab, der Papstwahl eine gewisse Stabilität zu verleihen. Als drittes Element kam dann das Konklave hinzu. Allerdings vollzog sich auch die Wahl in einem abgeschlossenen Raum anfangs nicht selten unter tumultartigen, schockierenden

Umständen. Wo und wann fand das erste Konklave statt? Schon 1198 im Palast Septizonium auf dem römischen Hügel Palatin oder – wahrscheinlicher – in Perugia 1216 oder erst 1241, wieder auf dem Palatin? Darüber gehen die Meinungen auseinander, je nachdem welche Kriterien man anwendet. Beginnen wir mit Perugia. 1216 starb Innozenz III., der das Papsttum zur Höhe kirchlicher und politischer Macht in der Christenheit emporgeführt hatte. Da das Volk seinen Leichnam schändete, bekamen es die Kardinäle sowie die Verantwortlichen für deren Sicherheit mit der Angst zu tun. Infolgedessen wurden die 19 Würdenträger, die sich zur Wahl des neuen Katholikenoberhaupts in der umbrischen Stadt Perugia aufhielten, dort einfach eingesperrt. Sie einigten sich relativ rasch auf Cencio Savelli, der den Namen Honorius III. annahm.

Schikanen im „Wahlkerker"

Äußerst schwierig wurde es im Frühherbst 1241, nach dem Tod Gregors IX. Damals fand das qualvollste Konklave der Kirchengeschichte statt. Mächtigster Mann in Rom war der Senator Matteo Rosso, der Stammvater des Adelsgeschlechtes Orsini, ein brutaler Politiker. Er ließ zehn Kardinäle im verfallenen antiken Palast Septizonium einsperren, um sie zu zwingen, schnell einen Nachfolger für Gregor zu wählen. Es war eine Tortur, zwei Monate lang. Ein Kardinal starb, zwei andere erkrankten. Der schließlich gewählte Goffredo Castiglioni, der sich Cölestin IV. nannte, starb – von den Vorgängen beim Konklave geschwächt – nach nur zweiwöchigem Pontifikat. Somit stand am 10. November 1241 der Stuhl Petri wieder leer. Die Kardinäle wurden aufgefordert, erneut zur Wahl nach Rom zu kommen – doch umsonst. Ihr Absagebrief, in dem sie an die erst kurz zuvor ausgestandenen Qualen erinnern, ist nachgerade berühmt geworden:

„Sollen wir denn vergessen, wie würdelos wir behandelt worden sind? Wie wir an Händen und Füßen zum Wahlkerker geschleppt und schmählich geschlagen worden sind gleich Dieben? Wie einer unserer Brüder an seinen verehrungswürdigen weißen Haaren zu Boden gerissen und auf der Erde gezerrt worden ist gleich einem Strauchdieb auf dem Weg zum Galgen? Wie auf dem Dach über unseren Köpfen von der einquartierten Wachmannschaft die Notdurft verrichtet wurde, die durch die Ritzen und Spalten auf das Lager eines unserer Brüder als stinkende Jauche tropfte und sich des Nachts bei Regen auf das Bett eines anderen ergoss? Wie ein anderer ehrwürdiger Bruder mit Gewalt in die Totenkammer geschleppt worden ist, während man ihn bespie und auf auf ihn höhnische Klage- und Begräbnislieder gröhlte und ihn auf der stoffernen Tragbahre von unten her grausam mit den Armbrüsten stieß?“

Da die Kardinäle somit ein neues Konklave verweigerten, dauerte die Sedisvakanz des Heiligen Stuhls noch fast zwei Jahre. Erst dann wählte man – in Anagni, südöstlich von Rom – einen neuen Papst. Das längste und folgenreichste Konklave der Kirchengeschichte jedoch begann Ende 1268. Und zwar in Viterbo, weil dort der letzte Pontifex, Clemens IV., gestorben war. Fast alle kirchlichen Probleme und Entwicklungen des

13. Jahrhunderts haben diese Wahlversammlung beeinflusst: der Zerfall in Parteien (darunter die starke kaiserliche Fraktion), die Endphase der Kreuzzüge, die neuen Orden (Franziskaner und Dominikaner). Tief zerstritten zogen 17 Kardinäle – elf Italiener, fünf Franzosen und ein Ungar – zum Wahlakt in den päpstlichen Palast von Viterbo ein. Sie konnten sich nicht auf die notwendige Zweidrittelmehrheit einigen. Vor allem wegen des Streits zwischen Italienern und Franzosen, der dann im 14. Jahrhundert die „Babylonische Gefangenschaft" der Kirche (mit den Päpsten in Avignon, weitab von Rom) verursachen sollte.

Als die Kardinäle um Pfingsten 1270 noch immer keinen Papst bestimmt hatten, zogen die Bürger von Viterbo strenge Saiten auf. Sie schlossen, angeführt vom Bürgermeister und dem Leiter der Wachsoldaten, die Papstwähler kurzum ein – cum clave, mit dem Schlüssel. Als auch dies nichts nützte und weitere Monate ergebnislos vergingen, deckten sie das Dach des Palazzo ab – wobei sie angeblich auch dem kecken Spruch eines Kirchenmannes folgten, dass der Heilige Geist da einen direkteren Zugang brauche. Somit setzten sie das Kardinalskollegium der Hitze des Tages, nächtlicher Kälte und Regengüssen aus. Zugleich wurden die hochwürdigen Herren auf karge Kost gesetzt, schließlich sogar nur auf Wasser und Brot.

Ob man die letztgenannte Bestimmung streng einhielt, ist allerdings sehr fraglich. Denn es dauerte noch lange, bis eine Entscheidung fiel:
Erst am 1. September 1271, nach einer zwei Jahre und neun Monate dauernden Sedisvakanz, wurde Tedaldo Visconti zum Papst gewählt. Also ein Mann, der gar

Der Papstpalast in Viterbo. Als sich die Wähler jahrelang nicht auf einen neuen Papst einigen konnten, deckten die Bürger das Dach des Konklavesaales ab.

nicht dem Kardinalskollegium angehörte, weil er nur Erzdiakon (von Lüttich) war. Er wurde zunächst zum Priester und dann zum Bischof geweiht, bevor er – sieben Monate nach seiner Wahl – als Gregor X. sein hohes Amt antrat.

Die strengen Vorschriften Gregors X.

Der neue Pontifex zog die Konsequenz aus Viterbo. „Nie wieder ein so unerträglich langes Konklave", mag er sich gesagt haben. 1274 erließ er das Dekret „Ubi periculum" (Wo Gefahr ist), einen strengen Regelkatalog, der sich an das Modell der Magistratswahlen in italienischen Städten anlehnt. „Ubi periculum" gilt als die wichtigste historische Grundlage der Konklaveordnung im heutigen Wortsinn. So heißt es, dass beim Tod eines Papstes die Kardinäle nur zehn Tage auf ihre abwesenden Kollegen warten sollen. Dann haben sie sich alle „in dem Palast, in dem der Papst wohnte, jeder jeweils mit nur einem Diener ... zu versammeln. In diesem Palast sollen alle gemeinsam den Konklaveraum bewohnen, der bis auf einen Ausgang überall geschlossen sein soll. Keiner soll mit den Kardinälen selbst oder mit einem von ihnen durch Boten oder schriftlich verkehren." Wenn nach drei Tagen keine gültige Wahl zustande kommt, sollen die Kardinäle an den folgenden fünf Tagen zum Mittag- und zum Abendessen jeweils bloß ein Gericht erhalten, „und nach ergebnislosem Ablauf auch dieses Zeitraums mag ihnen nur noch Brot, Wein und Wasser gereicht werden, bis die Wahl erfolgt".

*Papst Gregor X.
(1210–1276),
Papst ab 1271.
Er erließ die
ersten strengen
Konklaveregeln.*

Dekret „Ubi periculum", von Papst Gregor X. auf dem zweiten Konzil in Lyon 1274 erlassen.

Spartanische Regeln also. Kein Wunder, dass sich viele Kardinäle dagegen sträubten. Zwar war das Dekret zunächst von Nutzen. Nach Gregors Tod 1276 brauchten die Kardinäle lediglich einen Tag, um einen Nachfolger zu bestimmen. Doch dieser starb nach fünf Monaten, sein Nachfolger, Hadrian V., regierte sogar bloß fünf Wochen. Und schon bei der Wahl Hadrians in einem neuntägigen Konklave wurden die strengen Vorschriften von „Ubi periculum" über den Haufen geworfen: Während man den italienischen Kardinälen nach ein paar Tagen nur Wasser und Brot gab, labten sich deren französische Amtsbrüder mit feinen Gerichten ihrer Küche. Warum? Weil sich der französische König gerade in Italien aufhielt und er seine Kirchenfürsten unterstützte. Später kam es abermals zu quälend langen Sedisvakanzen.

Tatsächlich stand von 1292 bis 1294 der Stuhl Petri über zwei Jahre leer – wegen politischer Wirren und erbitterten Auseinandersetzungen unter den Oberhirten. Schließlich, Anfang Juli 1294, beriefen die Kardinäle überraschend den Mönch Pietro del Morrone, der als Eremit in den rauhen Abruzzenbergen ein frommes Leben führte, an die Kirchenspitze. Dabei spielte ein Rolle, dass der Wunsch nach einem heiligen, religiösen Hirten der Christenheit, der sich von politischen Händeln fernhielt, weithin gewachsen war; selbst manche Kardinäle wünschten sich einen „Engelpapst" herbei. Der Gewählte nannte sich Cölestin V. Bald nach seiner Wahl erkannte er freilich, dass er den Intrigen und kirchenpolitischen Auseinandersetzungen seiner Zeit nicht gewachsen war. Deshalb legte er Mitte Dezember 1294 sein Amt nieder.

Vor seiner Abdankung, einem beispiellosen Ereignis,

Diener tragen Speisen in das Konklave.

hatte Cölestin V. die rigorose Konklaveordnung „Ubi periculum" wieder in Kraft gesetzt. Cölestins Nachfolger, Bonifaz VIII., mit dem die päpstlichen Machtansprüche gegenüber den weltlichen Herrschern im Mittelalter einen Höhepunkt erreichten, ließ „Ubi periculum" in das Kirchenrecht aufnehmen. Damit hat er das Konklave zu einer festen Institution gemacht. Ein Allheilmittel gegen lange Sedisvakanzen war damit aber noch immer nicht gefunden. 1304/1305 brauchten die Kardinäle fast ein Jahr, um sich auf einen neuen Pontifex zu einigen. Sie entschieden sich für den Franzosen Bertrand de Got. Mit ihm, der sich Clemens V. nannte, begann ein trauriges Kapitel der Kirchengeschichte: die „Babylonische Gefangenschaft der Kirche", also das Exil der Päpste in Avignon, wo sie ganz unter französischem Einfluss standen.

Schisma und Konstanzer Konzil

Rund 70 Jahre dauerte dieses Exil. Es endete mit Gregor XI. Dieser Pontifex, obgleich Franzose, sah nach Erhebungen der Italiener ein: Wenn die Päpste nicht nach Rom zurückkehrten, würden sie den Kirchenstaat verlieren. Im Januar 1377 traf Gregor am Tiber ein, wo er nicht wie frühere Päpste im Lateranpalast, sondern im Vatikan residierte. Nach seinem Tod forderte die römische Volksmenge sogar unter Morddrohungen die Kardinäle auf, endlich wieder einen Italiener zu wählen. So geschah es denn auch. Aber mit dem neuen Papst Urban VI., dem Neapolitaner Bartolomeo Prignano, begann abermals eine Zeit schärfster Auseinandersetzungen, die zum „Großen Abendländischen Schisma" führten.

Prüfung der Speisen durch beauftragte Prälaten, bevor sie durch einen Drehschalter an die Kardinäle im Konklave weitergegeben werden.

Nur fünf Monate nach ihrem Entscheid für Prignano nämlich bereuten 13 französische Kardinäle ihre Wahl. Vor allem deshalb, weil sie den jähen, aufbrausenden, rücksichtslosen Urban VI. für geistesgestört und somit für unfähig hielten, das höchste Kirchenamt zu bekleiden. Sie erklärten die Wahl für null und nichtig und erhoben einen Gegenpapst. Ihm folgten drei weitere Gegenpäpste, darunter auch ein Johannes XXIII. Also Kirchenmänner, die in der offiziellen Papstliste (im Päpstlichen Jahrbuch) zum Zeichen ihrer Unrechtmäßigkeit in Klammern aufgeführt sind. Päpste und Gegenpäpste: Das christliche Abendland war tief gespalten.

Wie sollte man einen Ausweg finden? Wie sollte die von so vielen geforderte „Reform der Kirche an Haupt und Gliedern" in Gang kommen? Vielleicht durch ein Konzil, eine Versammlung aller Bischöfe, der letztlich

Blick in das Konklave.

auch Papst und Gegenpapst gehorchen müssten? Diskussionen, Gelehrtenstreit, Wirrwar. Erst das Konzil von Konstanz (1414-1418) schuf wieder klare Verhältnisse.

Unter Führung des deutschen Königs Sigismund veranlasste das Konzil nach dramatischen Auseinandersetzungen die Abdankung zweier Päpste (darunter dem „offiziellen") und setzte einen dritten ab. Somit war der Weg frei für die Wahl eines rechtmäßigen, unumstrittenen Oberhaupts der Christenheit. Es wurde eine merkwürdige, untypische Wahl – die letzte bis heute, bei der nicht nur Kardinäle votierten. Neben 23 Purpurträgern nämlich beteiligten sich auch jeweils sechs Vertreter aus fünf katholischen Nationen: Italiener, Deutsche, Franzosen, Spanier und Engländer. Schon nach drei Tagen – im November 1417 – einigte man sich auf den römischen Diakon Oddo Colonna. Er trat als Martin V. sein Pontifikat an.

Das Gebäude in Konstanz: Ort der Papstwahl 1417.

Die Bürger von Konstanz und das ganze christliche Abendland feierten die schnelle Wahl. Denn das ungemein schädliche Abendländische Schisma war somit zu Ende. Nach 39 Jahren Chaos hatte die Kirche wieder ein unzweifelhaftes, allgemein anerkanntes Oberhaupt. Jene Konstanzer Halle, in der die Konzilsväter damals abstimmten, steht – allerdings rekonstruiert – immer noch. Sie beherbergt „Konzilsgaststätten", zur Erinnerung an das große Ereignis.

Die Beteiligung von Nationen-Vertretern gaben der Papstwahl einen beinahe parlamentarischen, demokratischen Charakter. Aber dies war nur möglich in

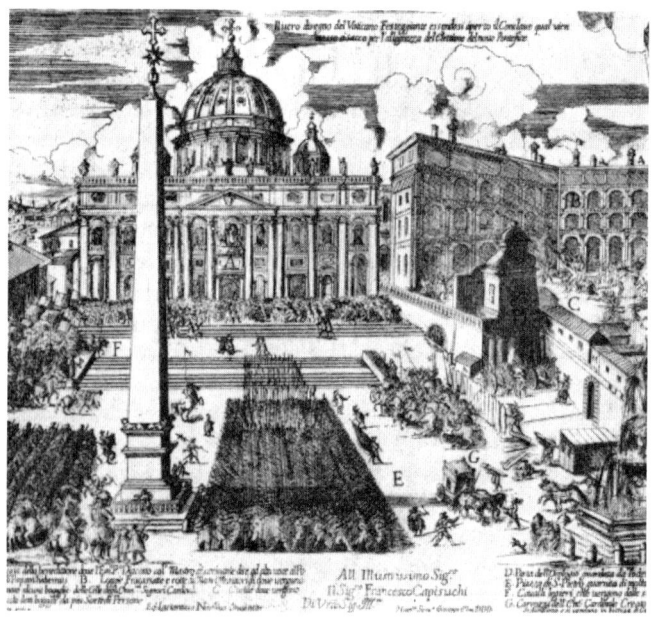

Eröffnung des Konklaves nach der Wahl Gregors XV. (1621). Im Vordergrund Soldaten als Ordnungshüter.

einer ganz besonderen historischen Situation, im Rahmen eines allgemeinen Konzils. Und da blieb Konstanz, wie erwähnt, die Ausnahme. Mehrere Päpste haben in der Folgezeit betont: Nicht ein Konzil, sondern nur die Kardinäle haben das Wahlrecht. Die drei wichtigsten Elemente der Gesetzgebung über die Papstwahl – nämlich Kardinalskollegium, Zweidrittelmehrheit, Konklave – standen fest. Ihnen hat man fortan nur Kleinigkeiten hinzugefügt, etwa Details über die Höchstzahl der Kardinäle oder über die Zeremonie bei der Wahlversammlung.

Die Renaissancepäpste haben durch ihren Lebensstil und die von ihnen tolerierten Unsitten weithin bei den Christen Ärgernis erregt und die Reformation Martin

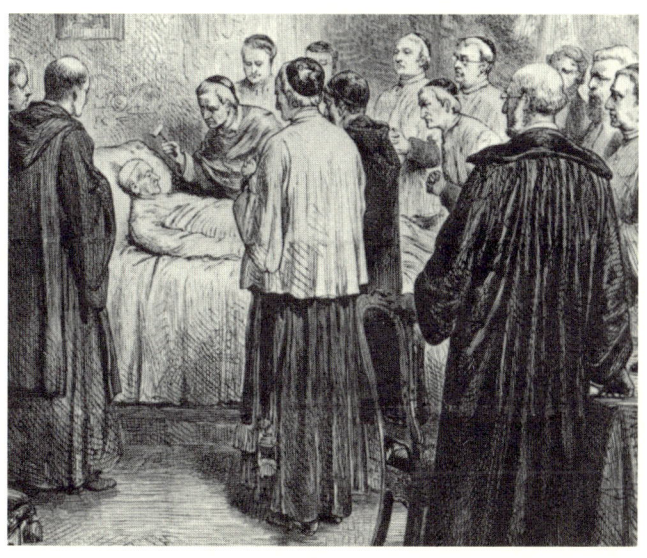

Feststellung des Todes von Papst Pius IX. (1878) unter Zeugenschaft mehrerer Kardinäle.

Luthers mitverursacht. Zu diesen Skandalen gehörte beispielsweise, dass sich die Päpste ihre Wahl durch die Kardinäle nicht selten durch Geld und Gut erkauften, wie überhaupt der Ämterschacher in Rom gang und gäbe war. Aber all dies ist ein anderes Kapitel, es gehört zur allgemeinen Kirchengeschichte, zu den Schattenseiten des Papsttums. Die schlimmen Missstände ändern nichts an der Tatsache, dass die Wahlen fast immer mit großer Mehrheit erfolgten und dass es (ab Mitte des 15. Jahrhunderts) keine Gegenpäpste mehr gab.

Anfang 1522 übrigens einigten sich die Kardinäle überraschend auf einen Nichtitaliener: den reformwilligen Adrian Florensz aus Utrecht, den Erzieher des Habsburgerkaisers Karl V. Er nannte sich gemäß seinem Taufnamen Hadrian VI. Ein Hoffnungsträger, der die verlotterte Kurie erneuern wollte, den die prunksüchtigen Römer aber gerade wegen seiner Strenge verabscheuten. Der Papst aus dem grauen Norden starb schon nach einem Jahr. Hadrian VI., nach damaligen Begriffen ein Deutscher, wurde in Rom in der deutschen Nationalkirche Santa Maria dell' Anima bestattet. Sein Pontifikat ist von Tragik erfüllt. Ein lateinischer Spruch auf seinem Grabmal besagt denn auch: „Ach, wie viel hängt davon ab, in welche Zeit auch des besten Menschen Wirken fällt." So lautet das resignierende Fazit eines Papstes, der scheiterte, weil er seiner Zeit voraus war. Warum wir Hadrian VI. hier so herausstellen? Weil er der letzte Nichtitaliener auf dem Stuhl Petri bis in die allerjüngste Zeit war – bis zur Wahl des Polen Karol Wojtyła im Oktober 1978.

Bild einer Kardinalszelle, gebaut aus leichtem Sparrenwerk und Brettern, 20 Fuß breit und hoch. In diesen Zellen wohnten die Papstwähler während des Konklaves 1878.

Kardinal Roncalli, der spätere Papst Johannes XXIII., bei seinem Vorgänger Papst Pius XII.

Vom Italiener Roncalli zum Polen Wojtyła: Papstwahlen in jüngster Zeit

Wer die lange Reihe der Päpste gleichsam Revue passieren lässt, dem bietet sich ein merkwürdiger Anblick. In einem Zeitraum von 2000 Jahren stehen etwa 300 Personen vor uns, die man Bischöfe von Rom, Päpste oder auch nur Gegenpäpste nennt. Niemand, so betonen Historiker, könne die Zahl der über allen Zweifel „rechtmäßigen" Päpste ganz genau angeben; bei manchen müsse offen bleiben, ob man sie den Päpsten oder Gegenpäpsten oder keiner der beiden Kategorien zurechnen soll. Gleichwohl besteht in der Kirche sowie in der Publizistik Einvernehmen darüber, dass man den jetzt regierenden Johannes Paul II. als den 263. Nachfolger Petri und somit als den 264. Papst bezeichnet. Fast genau 20 Jahre vor dem Polen Karol Wojtyła wurde Angelo Giuseppe Roncalli zum Pontifex erkoren. Und mit ihm wollen wir unsere Schilderung der letzten vier Konklaven und der dort Gewählten beginnen ...

Johannes XXIII.: Frühling für die Kirche

Anfang Oktober 1958, als Pius XII. starb, gab es 55 Kardinäle, 38 Nichtitaliener und 17 Italiener. Zwei

Purpurträger starben noch vor dem Konklave; zwei weitere – der Ungar Mindszenty und der Kroate Stepinac – wurden von den kommunistischen Regimen ihrer Heimat daran gehindert, nach Rom zu reisen. Folglich fanden sich Mitte Oktober 51 Kardinäle in der Ewigen Stadt ein. Darunter auch Angelo Giuseppe Roncalli, lange Jahre Diplomat des Heiligen Stuhls, seit 1953 Erzbischof und Patriarch von Venedig. Roncalli, eines von 13 Kindern eines armen Bauern aus der Nähe von Bergamo, wusste wohl, dass man ihn als „papabile", als möglichen Kandidaten für das Papstamt einstufte. Als ein Kardinal ihm kurz vor dem Konklave diese Aussichten eröffnete, sagte Roncalli dem Vernehmen nach: „Sie vergessen, dass ich schon 77 Jahre alt bin." Darauf sein betagter Gesprächspartner: Also sind Sie immer noch zehn Jahre jünger als ich. Außerdem würden zehn Jahre Pontifikat genügen."

Damit wird evident, dass sich viele Kardinäle nach dem fast 20 Jahre dauernden Pontifikat Pius' XII. einen „Übergangspapst", sprich: ein relativ altes Kirchenoberhaupt wünschten. Aber das war natürlich nicht das einzige Argument für Roncalli. Der Lombarde hatte in seiner Laufbahn große diplomatische Fähigkeiten gezeigt – erst als päpstlicher Gesandter in Sofia, Istanbul, Athen, dann als Nuntius in Paris –, und er zeichnete sich überdies als vorzüglicher Oberhirte aus, als Seelsorger, der besonders beim einfachen Volk beliebt war. Dennoch war Angelo Giuseppe Roncalli, als am 25. Oktober 1958 das Konklave in der Sixtinischen Kapelle begann und er nahebei die Zelle Nr.15 bezog, keineswegs der große Favorit. Durch Indiskretionen sowie durch ein Buch des Papst-Sekretärs (und späteren Erzbischofs) Loris Capovilla wissen wir über die Kräftegruppen und den komplizierten Verlauf der Wahlversammlung ziemlich gut Bescheid.

Alle Türen des Konklavebezirkes, die nach außen führen, werden mit einem gekreuzten Seidenband versiegelt.

Demnach teilte man, obschon recht oberflächlich, die Kardinäle jenes Konklaves in drei Lager ein: 26 Konservative, 18 Fortschrittliche, sieben in der Mitte, darunter der Oberhirte von Venedig. Der konservative Block hatte gleich mehrere Kandidaten, nämlich den Kardinal-Kämmerer Benedetto Aloisi Masella, den obersten Glaubenshüter Alfredo Ottaviani sowie den Präfekten der Kongregation für die Glaubensverbreitung, den Armenier Gregoire Pierre Agagianian. Demgegenüber setzten nicht bloß die Männer der Mitte, sondern auch die Fortschrittlichen auf Roncalli, denn letztere waren sich bewusst, dass sie keinen der Ihren mit der nötigen Zweidrittelmehrheit „durchbringen" würden.

In den ersten Wahlgängen, so heißt es, erhielt der Patriarch von Venedig rund 20 Stimmen, Agagianian etwas weniger. Die Stimmzettel wurden den Vorschriften gemäß in dem eigens herbeigeschafften Öf-

Gläubige auf dem Petersplatz in Erwartung des Ergebnisses der Papstwahl.

chen mit feuchtem Stroh verbrannt: So sollte, wie's der Brauch ist, der schwarze Rauch aus dem Schornstein der „Sixtina" zustande kommen, der den Neugierigen auf dem Petersplatz erfolglose Wahlgänge anzeigt. Aber die Farbe wechselte, weshalb es unter den Beobachtern „draußen" Konfusion gab. Radio Vatikan meldete (wie schon berichtet), der Papst sei gewählt, als es noch lange nicht soweit war.

Am Abend des 27. Oktober, schreibt der angesehene Vatikan-Journalist Giancarlo Zizola in seinem Buch „Der Nachfolger", sollen bis zu 18 Stimmen auf die Kandidatur von Aloisi Masella entfallen sein, „der somit die Unterstützung für Roncalli untergraben konnte". Die Tendenz, so schien es, lief in Richtung Agagianian. Aber würde der Armenier die notwendige Zweidrittelmehrheit erreichen, würde man tatsächlich einen Vertreter der Kurie und überdies einen Nichtitaliener wählen? Nein.

Dazu Zizola: „Die Geschichte der Konklaven lehrt, dass die heikelste Phase immer die ist, in der es einem Kandidaten nicht gelingt, auch noch die wenigen für den Erfolg unverzichtbaren Stimmen auf sich zu vereinen, nachdem er schon ein Maximum erhalten hat. Auch dieses Mal ist das der Fall: Dem Tandem Agagianian-Aloisi Masella gelingt es nicht, über die bereits erhaltenen Stimmen hinauszukommen." Somit erwies sich: Die Mehrheit wollte weder einen Kurienmann noch einen Nichtitaliener. Während Agagianian Stimmen verlor, legte Roncalli zu. „Als er begriff, dass die Stimmen der Kardinäle sich auf seinen Namen zu orientieren begannen", schildert sein Kammerdiener später, „überkamen ihn schlimme Befürchtungen. Ich hatte ihn nie

Cognac trinken sehen, doch nun musste ich eine Flasche auftreiben." Roncalli ahnte, welch schweres Amt ihm da bevorsteht. Venedig sei ein Rosenbeet, meinte er, Rom dagegen „wird ein Dornenbett sein".

Zwar stieg auch nach dem zehnten Votum, am 28. Oktober, nochmals schwarzer Rauch aus dem Schornstein der „Sixtina". Doch beim Mittagessen sagten zahlreiche Kardinäle dem Vernehmen nach, die Wahl sei praktisch gelaufen. Roncalli bestätigt dies in seinem Tagebuch: „Ich habe mit besonderer Inbrunst meine Schutzheiligen angerufen, damit sie mir Mut und Ruhe geben. Ich aß in meinem Zimmer. Eine kurze Ruhe und dann die große Hingabe." Am Nachmittag des 28. Oktober votierten die Kardinäle zum elften Mal. Wiederum schritten sie von ihren Thronsesseln zur Wahlurne, einem Silberkelch vor dem Altar der (durch Michelangelos Fresken berühmten) Sixtinischen Kapelle, sprachen die übliche Formel und legten ihren Stimmzettel in die Urne. Ergebnis: Der neue Petrusnachfolger hieß Angelo Giuseppe Roncalli. Ob er 34 Stimmen oder ein paar mehr erhielt, ist umstritten.

„Nimmst du deine nach kanonischem Recht gesetzliche Wahl zum obersten Pontifix an?" fragte der älteste Kardinalbischof Eugène Tisserant den venezianischen Patriarchen. Roncalli antwortete mit einem Bibelzitat, das seine Furcht vor der erschreckend schweren Aufgabe ausdrückte, fuhr dann jedoch fort: Nach dem Wunsch seiner Brüder, der Kardinäle der heiligen römischen Kirche, nach diesem Zeichen des Willens Gottes, nehme er die Wahl an. „Ich neige mein Haupt vor dem bitteren Kelch und der Last des Kreuzes." Auf Tisserants weitere Frage, welchen Na-

Weißer Rauch aus der „Sixtina" zeigt die erfolgreiche Wahl von Papst Johannes XXIII. an.

men er tragen wolle, entgegnete Roncalli, der inzwischen niederkniete: „Ich will Johannes heißen."

Das war eine große Überraschung. Seit dem frühen 18. Jahrhundert nämlich hatten sich die Päpste stets Pius, Benedikt, Leo, Gregor oder Clemens genannt. Roncalli wich von dieser Linie ab. Der Name Johannes, konkret:

Johannes XXIII., stiftete zunächst Verwirrung. In der Kirchengeschichte gab es schon einen Johannes XXIII. – einen Gegenpapst namens Baldassare Cossa im 15. Jahrhundert, einen früheren Seeräuber, den das Konstanzer Konzil als unwürdig absetzte. Eben weil es sich bei ihm um einen Gegenpapst handelte, konnte sich Roncalli ganz regulär Johannes XXIII. nennen.

Der neue Pontifex begründete seine Entscheidung auf sympathische Weise: Dieser Name sei ihm besonders lieb, weil so sein Vater hieß, und weil Johannes der Schutzpatron jener Pfarrei in Bergamo sei, in der die Roncalli-Kinder die Taufe empfingen. Außerdem „ist es der Name, der in der langen Reihe der römischen Bischöfe am meisten vorkommt. In der Tat kennt man 22 Päpste mit dem Namen Johannes, wobei wir die Frage der Rechtmäßigkeit außer acht lassen. Fast alle hatten ein kurzes Pontifikat." Mit dieser letzten Bemerkung spielte Roncalli auf sein fortgeschrittenes Alter an.

Nach der Wahl bemühte sich der Schneider der Päpste, dem neuen Pontifex die weiße Soutane anzupassen. Keines der drei vorbereiteten Gewänder wurde der Leibesfülle von Roncalli gerecht. Der Schneider improvisierte. Als er fertig war, witzelte Roncalli angeblich: „Ich fühle mich eingeschnürt und fertig zum Versand."

Auf dem Petersplatz hatten sich unterdes über 100 000 Gläubige versammelt. Vom Balkon des Doms verkündete ihnen Kardinal Nicola Canali die erfolgte Wahl („Habemus papam") des hochwürdigen Kardinals Angelo Giuseppe Roncalli zum Pontifex. Die Menge jubelte. Kurz darauf erschien Johannes XXIII. im Papstornat auf der Loggia. „Un grasso!", ein Dicker, riefen

44

einige Zuschauer bei dem Anblick überrascht und etwas enttäuscht. Denn weiten Kreisen hatte sich die schlanke Gestalt des verstorbenen Pius XII. mit ihren aristokratisch wirkenden Gesten derart als Idealbild eines Papstes eingeprägt, dass ihnen der Neue zunächst gar nicht gefiel. Manche Römer trösteten sich, dass er zwar nicht schön sei, aber gewiss ein gutes Herz habe. Außerdem erinnerten sie an eine (angebliche) kuriose Regel über den Rhythmus der Papstwahlen: Nach einem mageren Pontifex kommt ein dicker, nach einem Patriziersohn oder Edelmann ein Kind armer Leute auf den Stuhl Petri.

Was bei dem neuen Pontifex in zunehmendem Maß beeindruckte, war seine menschliche Güte sowie seine einfache, unkonventionelle Art. Ein Nachfolger Petri, der sein Amt als christlichen Bruderdienst verstand. Nicht selten hat er sich anderen mit den Worten „Ich bin Josef, euer Bruder" zugewandt – unter Anspielung auf seinen zweiten Namen Giuseppe und die ergreifende Geschichte im Ersten Buch Mose des Alten Testaments.

Der menschliche Aspekt, der im Pontifikat Pius' XII. zu kurz gekommen war, trat nun in den Vordergrund. So jedenfalls empfanden es immer mehr Gläubige, ganz besonders unter Roncallis Landsleuten, die ihn als „papa buono", den gütigen Papst verehrten. Sehr sympathisch wirkte überdies sein Humor, der beispielsweise in dem Satz Ausdruck fand: „Papst kann jeder werden; der beste Beweis bin ich." Um seine tiefe Menschlichkeit, die man nicht mit unverbindlicher Freundlichkeit verwechseln sollte, und um seinen Humor ranken sich viele Anekdoten.

Doch Johannes XXIII. setzte schon bald nach seiner Krönung auch deutliche kirchenpolitische Akzente. Mitte Dezember 1958 ernannte er gleich 23 Kardinäle, wodurch er die jahrhundertelang geltende Höchstzahl von 70 Purpurträgern überschritt. Eine Maßnahme, die dem Wachstum der Kirche entsprach. Unter den neuen Würdenträgern war erstmals ein Schwarzafrikaner (ein Oberhirte aus Tansania) – dadurch wertete Rom den einheimischen Klerus in den Missionsgebieten auf. Den Purpur erhielt unter anderen der Mailänder Erzbischof Giovanni Battista Montini, der dereinst das Erbe des Roncalli-Papstes antreten sollte.

In jenen Wochen reifte in Johannes XXIII. der Plan, eine große Versammlung einzuberufen, um die Kirche an die Erfordernisse der neuen Zeit heranzuführen, um sie für die moderne Welt zu öffnen. Ende Januar 1959 kündigte der Pontifex in der Basilika St. Paul vor den Mauern die Abhaltung eines Konzils für die Gesamtkirche an. So handelte kein „Übergangspapst", sondern ein Katholikenoberhaupt mit dem festen Willen zu Reformen. Die Vorbereitungen für das Konzil brauchten geraume Zeit. Unterdes wuchs die Popularität des Roncalli-Papstes. Dazu trugen seine zahlreichen Besuche in Pfarreien, Seminaren, Krankenhäusern und Gefängnissen bei. Er bestieg sogar die Eisenbahn zu einer Wallfahrt nach Assisi und Loreto. Whiskykundige Amerikaner, so wird berichtet, nannten Johannes XXIII., der kleine Ausflüge liebte, scherzhaft „Johnnie Walker". Das klang respektlos, war jedoch von den Bürgern der Neuen Welt durchaus freundlich-liebevoll gemeint.

Im Oktober 1962 wurde das Zweite Vatikanische Konzil feierlich im Petersdom eröffnet. Die Hauptaufgabe der großen Kirchenversammlung, so Papst Johannes, liegt darin, das heilige Überlieferungsgut der christlichen Lehre mit wirksameren Methoden zu bewahren und zu erklären. Zwar soll sich die Kirche nicht von der Tradition abwenden – aber „sie muss zugleich auch der Zeit Rechnung tragen, die neue Verhältnisse und neue Lebensformen geschaffen und dem katholischen Apostolat neue Wege geöffnet hat".

Mit dem Konzil begann eine Art Kulturrevolution in der katholischen Kirche, deren Folgen bis heute spürbar sind. Ein „Frühling für die Kirche", der stets mit dem Namen des (im Jubiläumsjahr 2000 selig gesprochenen) Roncalli-Papstes verbunden bleiben wird. Johannes XXIII. hat allerdings nur die erste Sitzungsperiode des Reformkonzils erlebt und mitbestimmt. Im Frühjahr 1963 verschlimmerte sich seine Krebserkrankung.

Der Papst erkannte, dass er nur noch kurze Zeit zu leben hatte. „Wir haben", sagte er demütig, „große Dinge unternommen, aber wenn unsere Stunde schlägt, bevor sie zu ihrem Ziel geführt worden sind, empfinden wir darüber keine Unruhe: Gott wird jemanden bestimmen, sie fortzusetzen." Er beauftragte de facto Kardinal Montini, das Konzilswerk weiterzuführen. Ende Mai hielt Johannes XXIII. seine letzte Audienz. Am 3. Juni 1963 ist er gestorben. Die ganze christliche Welt trauerte um ihn.

Paul VI.: Hamlet auf dem Stuhl Petri

„Wer als Papst ins Konklave hineingeht, kommt als Kardinal wieder heraus", besagt ein römisches Sprichwort. Mit anderen Worten: Haushohe Favoriten werden meist nicht gewählt; der Umstand, beinahe designiert zu sein, ist eher ein Nachteil. Aber auch in diesem Punkt gilt, dass Ausnahmen die Regel bestätigen. Und die große Ausnahme der allerjüngsten Zeit war Giovanni Battista Montini. Das lag im Wesentlichen am Konzil. Johannes XXIII. hatte dem Mailänder Kardinal die Weiterführung dieser bedeutenden Aufgabe anvertraut. Und Montini hatte sich stets zum Konzil bekannt. So stellte er in seiner Predigt bei der Totenmesse für den verstorbenen Roncalli-Papst im Mailänder Dom die rhetorische Frage: „Werden wir abweichen dürfen von dem Weg, den Johannes XXIII. ... eröffnet hat, nämlich vom Weg eines tieferen Verständnisses für die Weltweite des katholischen Glaubens?" Er, Montini, so wusste man, würde von diesem Weg nicht abweichen. Er begriff die Kirche als Weltkirche und würde demgemäß handeln.

In der ersten Sitzungsperiode des Konzils hatte sich Kardinal Montini nicht in den Streit zwischen Konservativen und Fortschrittlichen eingemischt, sondern diplomatisch geschwiegen. Daher war er, als nun die Wahl eines neuen Papstes anstand, auch für die sogenannten „moderati", die Gemäßigten, akzeptabel. Und er hatte durchaus noch andere Steine im Brett. Zum einen war er auf Grund seiner rund 30-jährigen Tätigkeit im Staatssekretariat bestens mit dem Vatikan vertraut. Zum anderen hatte er sich als Erzbischof von Mailand seit Anfang 1955 gut acht Jahre lang in der Leitung einer großen Diözese bewährt. Wobei er dem Kirchenbau, der Reform der Seelsorge sowie dem Kontakt zu den Industriearbeitern besondere Aufmerksamkeit schenkte.

Ein erfolgreicher Oberhirte also. Und ein „papabile", ein Papst-Kandidat ersten Ranges. Noch dazu, mit 65 Jahren, im „richtigen" Alter, nicht zu jung, aber noch sehr rüstig. Die mitteleuropäischen Kardinäle, die beim Konzil auf Erneuerung pochten, waren entschlossen, im Konklave Montini gewissermaßen auf den Schild zu heben. Darüber und über ein entsprechendes Wahlprogramm diskutierten sie (laut Insidern) bei einem geheimen Treffen am 18. Juni 1963 in einem Kapuzinerkonvent südlich von Rom.

Um ihrem Favoriten auch die Stimmen konservativer Kurienkardinäle zu verschaffen, war diese Gruppe bereit, die konziliaren Reformen etwas einzuschränken, also deutlich zur Mitte zu schwenken. Demgegenüber wünschte der Bologneser Kardinal-Erzbischof Giacomo Lercaro eher das Gegenteil – oder er wollte ganz andere Akzente setzen. Die Kirche, hatte Lercaro im Konzil beispielsweise vorgeschlagen, solle zur evangelischen Armut zurückkehren. In diese Richtung zielte sein vages Programm.

Der von Kurienmännern geführte konservative Flügel, der den „Frühling von Papst Johannes" möglichst schnell beenden wollte, ließ mit der Antwort auf die Kandidaturen von Montini und Lercaro nicht auf sich warten. Er favorisierte den italienischen Kardinal Ildebrando Antoniutti, den Präfekten der Ordenskongregation, dem man seit seiner Zeit als Vatikandiplomat in Madrid starke Sympathien für die umstrittene Organisation Opus Dei nachsagte.

Am Abend des 19. Juni zogen die Kardinäle, 80 an der Zahl, ins Konklave. Die zur Wahl notwendige Zweidrittelmehrheit betrug 54 Stimmen. Die Italiener machten mit 29 Purpurträgern 35 Prozent der Wähler aus – gegen sie war keine Entscheidung möglich, sie gehörten allerdings, wie schon erwähnt, ganz verschiedenen Lagern an. Die 22 Kurienkardinäle galten zumeist als erzkonservativ. Wenn man die Konstellation sehr vereinfacht und vergröbert darstellt, könnte man sagen: Ein Dreikampf zeichnete sich ab – zwischen dem progressiven Lercaro, dem Mann der Mitte Montini und dem reaktionären Antoniutti.

Es wurde eine dramatische Auseinandersetzung. Bei den ersten Abstimmungen erhielten dem Vernehmen nach Montini 30, Lercaro und Antoniutti jeweils 20 Stimmen. Die Anhänger des Bologneser Oberhirten sahen ein, dass sie „ihren Mann" nicht durchbringen würden. Deshalb schwenkten sie auf Montini um, der beim dritten Votum prompt 50 Stimmen auf sich vereinigte. Dem Favoriten fehlten somit noch vier Stimmen. Doch die Kurie gab ihren Widerstand nicht auf. Statt Antoniutti baute sie nun den Kardinal Francesco Roberti, einen Juristen aus ihrem Kreis, als Kandidaten auf. Da sich kein Ausweg aus der verfahrenen Situation zeigte, wagte der Kurienkardinal Gustavo Testa, ein Freund des verstorbenen Roncalli-Papstes und Befürworter der Konzilslinie, einen unerhörten Schritt: Während der Verteilung der Wahlzettel für das vierte Votum appellierte er ganz offen an zwei andere Ku-

Alle Eingänge und Fenster zum Konklavebereich werden zugemauert.

rienvertreter, sie sollten helfen, die Blöcke zu überwinden. „Die Kurie soll endlich ihre Manöver aufgeben und eine Übereinkunft zum Wohl der Kirche ermöglichen."

Das verstieß gegen die Regeln, die während der Wahldurchgänge Stillschweigen vorschreiben. Einige Konservative protestieren denn auch. „Es ereigneten sich furchtbare Dinge", sagte Kardinal Testa später. Dem Kandidaten Montini war die Sache so peinlich, dass er sich aus dem „Rennen" zurückziehen und eine entsprechende Erklärung abgeben wollte. Doch ein neben ihm sitzender, ihm wohlgesonnener Purpurträger soll ihn mit einem Ellbogenstoß festgehalten und ihm zugemurmelt haben: „Sprechen Sie nicht."

Auch im vierten Wahlgang reichten die Stimmen für Montini noch nicht aus. Die Spannung stieg. Als am Abend des 20. Juni die Kardinäle aus der Sixtinischen Kapelle hinausgingen, begleitete der Wiener Kardinal-Erzbischof Franz König den Mailänder Oberhirten, der den Wunsch aussprach, man solle ihm lieber keine weiteren Stimmen geben. Er befinde sich jetzt „in der Dunkelheit, in der Nacht". Aber er sei sicher, dass derjenige, den man wählen werde, dem Weg von Papst Johannes folgen müsse.

An diesem Punkt begannen Vermittlungen, Montinis Stern stieg wieder. Da der „Mann der Mitte" angeblich versprach, für den Fall seiner Wahl den konservativen Kardinal Amleto Cicognani als Staatssekretär zu behalten, wechselten einige Würdenträger aus der Kurie in sein Lager. Beim sechsten Votum, am 21. Juni 1963, wurde Giovanni Battista Montini gewählt. Vermutlich mit 57 Stimmen. Dies hieße, da er sich ja nicht selber wählte, sondern seine Stimme einem Gleichgesinnten gab, dass er immer noch 22 Gegner hatte.

Der neue Pontifex wählte den Namen Paul, in Reverenz vor dem Apostel Paulus, den Gott aufgefordert hatte: „Steh auf und gehe zu den Völkern, zu denen ich dich senden werde." In der Tat machte dieser Name die Absicht Montinis deutlich, als reisender Apostel zu wirken. Paul VI. wollte in der modernen Welt zugleich Missionar und Pilger sein. Kurz nach seiner Wahl gedachte der Montini-Papst in einer Rundfunkbotschaft dankbar seiner Vorgänger und bekräftigte, dass er das Zweite Vatikanische Ökumenische Konzil fortsetzen werde, „auf das die Augen aller Menschen guten Willens gerichtet sind. Das wird Unser wichtigstes Werk sein. Dafür wollen Wir alle Kräfte einsetzen." Außerdem teilte der Pontifex seine Absicht mit, sich für die Festigung der sozialen Gerechtigkeit einzusetzen. Das solle auf der Linie der großen Sozialenzykliken seiner Vorgänger geschehen.

Am Abend des 30. Juni dann erfolgte die feierliche Inthronisation des neuen Papstes. Sie fand, ein Novum in der Kirchengeschichte, erstmals unter freiem Himmel auf dem Petersplatz statt. Kardinal Alfredo Ottaviani war es, der Montini die Krone aufs Haupt setzte: „Empfange die mit den drei Kronen geschmückte Tiara und wisse, dass du der Vater der Fürsten und Könige bist, ... der Stellervertreter unseres Erlösers Jesus Christus." Paul VI. war der letzte Papst, der sich die prächtige Tiara aufsetzen ließ – er kehrte dann zu der einfachen Bischofsmitra zurück. Im November 1964 übergab er die Tiara dem New Yorker Kardinal Francis

Spellman, der sie an verschiedenen Orten ausstellen ließ und auf diese Weise im Auftrag des Vatikans Geld für karitative Zwecke sammelte.

In seiner Kirchenpolitik war Paul VI. stets auf Ausgleich bedacht. Ein Intellektueller, der alle Argumente abwog und mitunter schwankte, was ihm den Ruf eines Zögerers, ja eines „Hamlets auf dem Stuhl Petri" eintrug. Kritik erntete Paul VI. wegen seiner 1968 veröffentlichten Enzyklika „Humanae vitae" (Über die Weitergabe des menschlichen Lebens), in der er die künstliche Empfängnisverhütung verurteilte. Doch es wäre sehr ungerecht, sein 15 Jahre währendes Pontifikat nur an „Humanae vitae" zu messen.

Paul VI. hat drei Sitzungsperioden des Konzils, bis zu dessen Ende 1965, mitbestimmt. Wenn das Konzil zu einem Markstein in der jüngsten Kirchengeschichte wurde, ist dies auch sein Verdienst – selbst wenn ihm manche Reformer später vorwarfen, er habe den fortschrittlichen Geist des Konzils stark verwässert. Durch seine Enzyklika „Populorum progressio" (Über den Fortschritt der Völker) verpflichtete er die Kirche zum Einsatz für die Dritte Welt, zu einer mit dem Streben nach sozialer Gerechtigkeit verbundenen Entwicklungshilfe. Unvergessen ist auch die Pilgerfahrt Pauls VI. ins Heilige Land Anfang 1964. Sie erregte schon deshalb größtes Aufsehen, weil – wenn man vom Apostel Petrus absieht – noch kein Papst die heiligen Städten der Christenheit besucht hatte. In Jerusalem traf das Katholikenoberhaupt mit dem orthodoxen Patriarchen von Konstantinopel, Athenagoras, zusammen: Im Verhältnis Roms zur Ostkirche begann eine neue Epoche.

Papst Paul VI. mit seinem Nachfolger Kardinal Luciani, dem späteren Papst Johannes Paul I.

Im Hinblick auf die Papstwahl traf Paul VI. eine wichtige Entscheidung. In dem Dokument „Ingravescentem aetatem" (Mit zunehmendem Alter) ordnete er an: Mit Vollendung des 80. Lebensjahres wird den Kardinälen das Recht – und die Mühe – genommen, am Konklave teilzunehmen.

In seinen letzten Jahren wirkte Paul VI. kraftlos und leidend. Es schmerzte ihn tief, dass sein Freund, der christdemokratische Spitzenpolitiker Aldo Moro, im Frühjahr 1978 von römischen Terroristen (den Roten Brigaden) entführt und nach „Verhören im Volksgefängnis" ermordet wurde. Diesen Schmerz sah man dem Papst an. Anfang August 1978 ist Paul VI. im Alter von 80 Jahren in der Sommerresidenz Castel Gandolfo gestorben.

Johannes Paul I.: Papst des Lächelns

Das Konklave nach dem Tod Montinis war das erste nach dem Konzil. Und es war das erste, in dem die über 80-jährigen Eminenzen nicht mehr teilnehmen durften. Während die Vorbesprechungen in Rom liefen, spekulierte die Öffentlichkeit intensiv über mehrere „papabili", eventuelle Papstkandidaten. So wurde Giuseppe Siri, der konservative Oberhirte von Genua, genannt; ferner der Generalvikar von Rom, Ugo Poletti, und der Kurienkardinal Sergio Pinedoli. Den Patriarchen von Venedig, Albino Luciani, übergingen die Medien. Er ergriff nie das Wort in den Generalkongregationen, den täglichen Versammlungen der Purpurträger im Vorfeld des Konklaves.

Doch just für ihn setzte sich einer der einflussreichsten Kardinäle ein: Giovanni Benelli, seit kurzem Erzbischof von Florenz und zuvor ein enger Mitarbeiter Pauls VI. Benelli selber, 57, galt als „zu jung". In mehreren Gesprächen warb er, ganz im Sinn des Konzils, für die bischöfliche Kollegialität und die Stärkung der Synode – ein Programm, das breite Unterstützung fand. Luciani, ein hervorragender Priester, sei der richtige Mann; gegen ihn gäbe es im Unterschied zu anderen „papabili" nichts einzuwenden.

Das Konklave begann am 25. August 1978. In der Ewigen Stadt und auch in der „Sixtina" war es hochsommerlich schwül. Kardinal Silvio Oddi erinnert sich: „Wir kamen um vor Hitze, drohten zu ersticken, und mir schien, dass einige Eminenzen am Rande des Zusammenbruchs waren." Entgegen den Vorschriften ließ

Einbau eines hölzernen Zwischenbodens in der „Sixtina" zur Vorbereitung der Papstwahl.

Kardinal Luciani (rechts) auf dem Weg in das Konklave, das ihn zum Papst Johannes Paul I. wählen wird.

Oddi die Fenster öffnen. So wie Oddi klagten auch andere Kardinäle über die qualvollen Bedingungen bei der Unterbringung im Apostolischen Palast.

Hat dies die Kardinäle unter Druck gesetzt und sie zur Eile angespornt? Gut möglich. Jedenfalls wurde es ein erstaunlich kurzes Konklave. 111 Kardinäle aus 30 Ländern, mehr als je zuvor, nahmen teil. Über die genauen Ergebnisse der einzelnen Wahlgänge gibt es etwas unterschiedliche Angaben.

Aller Wahrscheinlichkeit nach lief es so: Im ersten Wahlgang dominierte, wenn auch nur knapp, der konservative Block, dem zahlreiche Würdenträger der Kurie angehörten: Siri erhielt 24 oder 25 Stimmen, Luciani 23, Pignedoli 18. Kardinal Benelli rührte nun erst recht die Trommel für „seinen" Kandidaten. Ging es ihm wirklich darum, einen „Mann der Mitte" und ein entsprechendes Programm durchzubringen? Oder dachte er eher an seine persönliche Karriere und erhoffte sich als Prämie für seinen Feldzug den Posten des Kardinalstaatssekretärs?

Wie auch immer, die Kampagne hatte Erfolg. Schon im zweiten Wahlgang zog Luciani mit angeblich 53 Stimmen auf und davon. Siri und Pignedoli erhielten 24 bzw. 15 Voten. Auf mehreren Stimmzetteln, wohl vier oder fünf, stand der Name Karol Wojtyła. Denn der Pole wurde etwa vom Österreicher Franz König und anderen Purpurträgern aus Mitteleuropa sehr geschätzt. Im dritten Wahlgang kam Luciani bereits nahe an die Zweidrittelmehrheit heran. Und beim vierten Votum (am 26. August) wurde er mit 101 von 111 Stimmen, also fast mit einem Plebiszit, gewählt. Ziemlich

Das Konklave beginnt. Der Sekretär des Konklaves, Bischof Civardi, verschließt die Türen der Sixtinischen Kapelle am 25. 8. 1978 um 16.30 Uhr.

Auch die Wohnräume des Papstes werden versiegelt. Erst wenn der neue Papst gewählt ist, werden die Siegel aufgebrochen.

erschrocken nahm Albino Luciani die Wahl an. Er gab sich – als erster Papst der Geschichte – einen Doppelnamen: Johannes Paul I. Damit machte er klar, dass er den Kurs seiner beiden Vorgänger fortsetzen wolle. „Diesen Papst hat uns wahrlich Gott geschenkt", schwärmte Kardinal Benelli.

Als man den neuen Pontifex auf dem Balkon des Petersdoms vorstellte, flogen dem liebenswürdigen Hirten sogleich die Herzen der Gläubigen zu. Der italienische Ex-Premier Giulio Andreotti erinnert sich in seinem Buch „Meine sieben Päpste" an jene Tage: „Die Einfachheit Johannes Pauls I. fasziniert, das Lächeln gewinnt, seine Heiterkeit entspannt die unruhigen Geister. Weil heute die Bilder und Wörter über Fern-

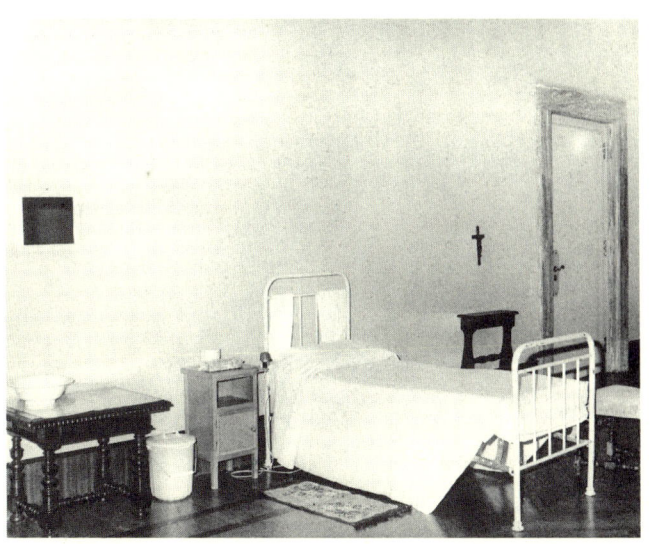

Spartanisch waren die Zimmer eingerichtet, in denen die Kardinäle während des Konklaves wohnten.

sehsatelliten zugleich in alle Welt gelangen, ist die Wirkung unmittelbar. Freunde aus Kalifornien rufen mich an, die Leute seien verrückt vor Begeisterung, Katholiken und andere. Es wird das Lehramt des Lächelns sein, das heutzutage – Gott allein weiß wie sehr – notwendig ist."

Als der „Papst des Lächelns" ging Johannes Paul I., zumindest in der publizistischen Darstellung, in die Kirchengeschichte ein. Denn sachlich konnte Albino Luciano fast nichts bewegen, verändern – dazu war sein Pontifikat (33 Tage) viel zu kurz. Der ehemalige Patriarch von Venedig fühlte sich im Vatikan nicht wohl. Es störte ihn, dass man ihn derart abschirmte. Einem Freund, der ihn besuchte, vertraute er an: Er

Der neugewählte Papst Johannes Paul I. empfing am 30. August 1978 die in Rom anwesenden Kardinäle. Das Bild zeigt die herzliche Begegnung mit Kardinal König aus Wien.

sehne sich nach direktem Kontakt mit den Leuten, nach einem Leben ohne so viele Verpflichtungen für Empfänge und anstrengende Formalitäten.

Am 23. September fuhr der Papst nach St. Johannes im Lateran, um von seiner Bischofskirche, wie es der Brauch will, Besitz zu ergreifen. Anschließend traf er mit einer italienischen Regierungsdelegation zusammen. Die Minister erschraken über sein Aussehen. „Er erschien fahl, fast zusammengebrochen", schreibt Andreotti. „Aber niemand konnte sich das beginnende Drama vorstellen." Am Abend des 28. September erlag Johannes Paul I. einem Herzinfarkt. Der überraschende, plötzliche Tod löste prompt das Gerücht aus: „Der

Papst wurde vergiftet." Ein britischer Autor machte die Giftmord-Spekulation sogar zum Thema eines Buches. Doch die absurde These wurde gründlich widerlegt und ist inzwischen kein Thema mehr.

Johannes Paul II.:
Ein Fels mit Charme

Nervöse Spannung herrschte, als sich die Kardinäle im Oktober 1978 erneut zur Papstwahl im Vatikan trafen. Zwar waren sie nach dem plötzlichen Tod Johannes Pauls I. überzeugt, dass man nun einen physisch wesentlich robusteren Mann für das höchste Kirchenamt bestimmen müsse. Aber dies konnte selbstverständlich nicht das einzige Kriterium sein. Bei den Vorbesprechungen zeichnete sich ein Wettstreit zwischen dem erzkonservativen Siri und dem gemäßigt fortschrittlichen Benelli ab. In Rom wurde gemunkelt, die einflussreichen deutschen Kardinäle, voran Josef Ratzinger, hätten sich auf die Seite Siris geschlagen, weil sie wegen der Bedrängnis der Kirche zwischen Kapitalismus und Kommunismus, wegen des Drucks der Linken in Westeuropa und dem wachsenden Einfluss der Kommunistischen Partei in Italien eine starke Führung im Vatikan wünschten.

Am 11. Oktober beschlossen etwa 15 Wahlmänner, die Kandidatur Giovanni Benellis zu unterstützen, auch weil der Italiener – entegen dem Standpunkt der Kurie und Siris – für eine Stärkung der Bischofssynode eintrat. Giuseppe Siri konterte mit einem Interview in der

„Gazzetta del Popolo", das nur wenige Stunden vor Beginn des Konklaves erschien. Die Synode „kann niemals zum Beschlussorgan der Kirche werden", betonte der Genueser Kardinal-Erzbischof, der außerdem gegen die Tendenz wetterte, im Papst hauptsächlich einen „Hirten" zu sehen. Das Interview, viele Jahre später als Fälschung bezeichnet, heizte im Oktober 1978 die Stimmung an, verschärfte den Konflikt zwischen Konservativen und Progressiven.

Zwar dachte die Mehrheit der Kardinäle zunächst nicht an die Wahl eines Nichtitalieners. Doch dem Wiener Erzbischof König schwante schon, dass es eventuell anders laufen würde. Und für diesen Fall hatte er einen Geheimtip, den von ihm hochgeschätzten Karol Wojtyła, einen der beiden polnischen Würdenträger. Eines Abends vor dem Konklave sprach er mit Kardinal Wyszyński und deutete diplomatisch an, vielleicht habe ja Polen einen Papstkandidaten. Der Primas bezog dies auf sich selbst und lehnte ab: Wenn er, Wyszyński, nach Rom wegginge, wäre dies ein Triumph für die Warschauer Kommunisten. Darauf König: „Es gibt da noch einen anderen Mann." Wyszyński: „Nein, das kommt nicht in Frage. Er ist nicht bekannt genug und im übrigen auch ein bißchen jung."

Karol Wojtyła hat die Lage ähnlich eingeschätzt. Er wohnte vor der Wahlversammlung im Polnischen Kolleg an der römischen Piazza Remuria. Dort fragte das US-Magazin „Time", das den Krakauer Kardinal als eventuellen „papabile" einstufte, an: Ob man wohl ein paar schöne Farbfotos von ihm machen könne? Wojtyła winkte freundlich ab: „Keine Aufregung, ich werde bestimmt nicht Papst."

Am 14. Oktober 1978 begann das Konklave zur Wahl des Nachfolgers von Papst Johannes Paul I. Die wahlberechtigten Kardinäle trafen sich in der Capella Paolina und zogen dann in die Sixtinische Kapelle ein.

Am Nachmittag des 14. Oktober 1978 zogen die Purpurträger zum Konklave in die Sixtinische Kapelle. Karol Wojtyła wäre beinahe zu spät gekommen. Denn er besuchte seinen polnischen Freund, Bischof Deskur, der tags zuvor in Rom einen Schlaganfall erlitten hatte, im Krankenhaus. In letzter Minute erreichte er die „Sixtina". In jenem Konklave waren erstmals die Nichteuropäer, mit 56 von 111 Wahlmännern, knapp in der Überzahl. 27 Wähler waren Italiener. Die „Schlacht" begann am 15. Oktober. Bei den ersten vier Abstimmungen blieben sowohl Siri als auch Benelli weit unter der erforderlichen Zweidrittelmehrheit. Schwarzer

Rauch aus der „Sixtina" zeigte der Außenwelt die Erfolglosigkeit des Votums an. Das Patt zwischen den beiden italienischen Kandidaten erzeugte Ratlosigkeit.

Da schlug Kardinal Königs Stunde. In Gesprächen mit Amtsbrüdern aus verschiedenen Ländern warb er für einen nichtitalienischen Papst, nämlich Karol Wojtyła. Bei dem polnischstämmigen Erzbischof von Philadelphia, John Krol (dessen Name ebenfalls König bedeutet) rannte er damit offene Türen ein: Krol hatte seit langem Freundschaft mit dem Krakauer Oberhirten geschlossen. Der Belgier Suenens, der Spanier Tarancon und der Brasilianer Lorscheider plädierten gleichfalls für einen nichtitalienischen Pontifex.

Dabei kam auch zur Sprache, welche Eigenschaften das nächste Oberhaupt der Katholiken aufweisen solle. Erstens sollte er gesund und nicht zu alt sein – das lag nach den Erfahrungen mit Johannes Paul I. auf der Hand. Zweitens, so hieß es, brauche die Kirche einen tüchtigen Seelsorger an ihrer Spitze. Ein Wunsch, der sich auch aus der Zusammensetzung des Wählerkreises ergab: Genau wie bei der Wahl Johannes Pauls I. im August bestand die große Mehrheit im Konklave ja aus Männern, die in der Seelsorge verwurzelt waren. Wenn man von Albino Luciani absieht, hatten sämtliche Päpste seit 1914 lange Zeit kuriale oder diplomatische Ämter bekleidet. Jetzt also wollte der Kreis um Kardinal König einen betont „pastoralen Papst", um die vom Konzil angestoßenen Reformen in den Diözesen zu verwirklichen. Alles Argumente zugunsten des 58-jährigen, robusten Krakauer Oberhirten Wojtyła. Im sechsten Wahlgang – wahrscheinlich waren nun auch die deutschen Kardinäle auf seiner Seite – stieg die Stimmenzahl für ihn sprunghaft an. Deshalb wirkte Wojtyła so irritiert und angespannt, dass sich manche seiner Befürworter sorgten, er würde seine wahrscheinliche Wahl zum Pontifex maximus ablehnen. Kardinal Wyszyński redete seinem Landsmann zu: „Wenn Sie gewählt werden, müssen Sie akzeptieren. Für Polen."

Der Durchbruch kam im achten Wahlgang, am Spätnachmittag des 16. Oktober. Denn jetzt waren auch die bisher widerstrebenden Italiener bereit, einen Kandidaten, der nicht aus ihrem Land stammte, zu unterstützen. Nach zuverlässigen Berichten erhielt Karol Wojtyła 99 von 111 Stimmen. Kurz nach 18 Uhr wurde seine Wahl im Konklave bekanntgegeben. Um seine Verpflichtung gegenüber dem Vermächtnis der letzten drei Päpste und seine Sympathie für seinen direkten Vorgänger auszudrücken, entschied sich der Krakauer Kardinal für den Namen Johannes Paul II. Der erste nichtitalienische Papst seit 455 Jahren, der erste Slawe auf dem Stuhl Petri, der erste Pontifex aus einem kommunistischen Land: Karol Wojtyłas Wahl war die größte Sensation in der neuesten Kirchengeschichte.

Eine Riesenüberraschung war es zunächst für jene vielen Italiener, die an jenem 16. Oktober auf dem Petersplatz das Ergebnis des Konklaves erfahren wollten. Schließlich erschien Kardinal Felici auf der Loggia des Petersdoms und verkündete: „Habemus papam, den hochwürdigsten Kardinal Carolus Wojtyła." Felici sprach den Namen korrekt polnisch aus: Woitiua. Das klang so exotisch, dass sich die Gläubigen auf der Piazza irritiert fragten: „Ein Afrikaner? Ein Neger?" Jedenfalls – kein Italiener. Dann verbreitete sich wie

Unmittelbar nach seiner Wahl zum Papst zeigte sich Karol Wojtyła der wartenden Menge auf dem Petersplatz.

ein Lauffeuer die Nachricht, dass der Gewählte ein Pole ist.

Kurz darauf trat der neue Papst auf die Loggia des Doms, um seinen ersten Segen „Urbi et Orbi" zu spenden. Ganz entgegen der Tradition sprach er auch über seine Wahl. Nun hätten die Herrn Kardinäle einen neuen Bischof von Rom berufen. „Sie riefen ihn aus einem fernen Land, aber immer so nahe im Glauben und in der christlichen Tradition. Ich weiß nicht, ob ich mich in eurer ...", da verbesserte er sich, „in unserer italienischen Sprache gut verständlich machen kann. Wenn ich Fehler mache, werdet ihr mich korrigieren." Das gefiel der Menge, sie jubelte. Somit war der Brückenschlag des polnischen Papstes zu den Italienern gelungen.

Seit jenem Tag sind über 23 Jahre vergangen. Das

gegenwärtige Pontifikat ist das längste seit Beginn des 20. Jahrhunderts. Und Johannes Paul II. hat auch sonst so manchen Rekord aufgestellt. Vor allem den: Kein anderer Papst unternahm so viele Pastoralreisen wie er. Von seiner Wahl 1978 bis zum Jahresende 2001 machte er 95 Pastoralreisen außerhalb Italiens, also – wenn man so will – ins Ausland, ferner über 150 in Italien. Nur 1981 (infolge des lebensgefährlichen Attentats auf dem Petersplatz) und 1994 (infolge seines Oberschenkelbruchs) war Johannes Paul kaum „auf Achse". Etwa 30 Länder hat der unermüdliche Pontifex mehrfach besucht; so war er dreimal in Deutschland. Gegenüber Journalisten hat er seine Pastoralvisiten einmal so begründet: „Es ist Aufgabe der Kirche, mit allen zu sprechen. Und der Papst muss

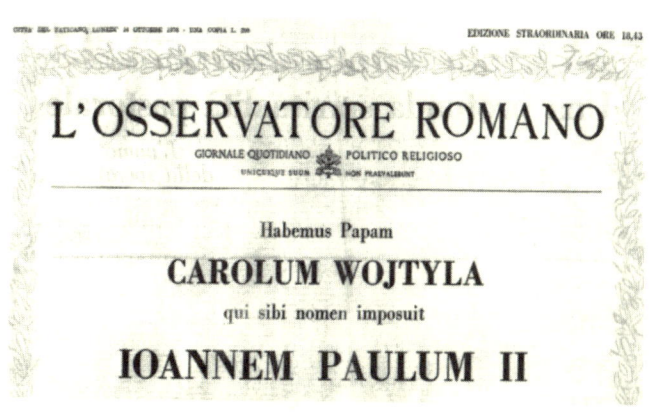

Sonderausgabe des Osservatore Romano vom 16. Oktober 1978, 18.43 Uhr, mit der Überschrift „Habemus Papam"

sich diesen Auftrag zu Eigen machen. Also sollte man diesen Schwung eines Globetrotters verstehen."

Johannes Paul II. ist zweifellos einer der großen Männer seiner, unserer Zeit. Eine charismatische Gestalt, eine moralische Autorität, ein Fels in der Brandung – das anerkennen sogar seine Kritiker, nicht zuletzt in den deutschsprachigen Ländern. Unermüdlich verkündet er nicht bloß die Botschaft Christi, sondern mahnt die Menschenrechte an und schärft den Menschen ein, die religiöse Dimension des Lebens nicht zu vergessen. Zu seinen Leistungen zählt der wichtige Beitrag, den er zur Überwindung der kommunistischen Regime im Ostblock leistete. Der Wojtyła-Papst macht Eindruck, weil er glaubwürdig ist. Hinzu kommt seine persönliche Ausstrahlung. Dazu gehört auch sein Humor, den er sogar bei seinen Krankheiten, als Patient der römischen Gemelli-Klinik, nicht verlor. „Ein Fels mit Charme" hat man ihn deshalb genannt.

Das Attentat vom 13. Mai 1981, das die Welt schockte, hat Johannes Paul II. lebensgefährlich verletzt. Obwohl sich der robuste Pole dann rasch erholte, fortan strapaziöse Reisen sowie Berg- und Skitouren machte, kam er immer mal notgedrungen als Patient in die Gemelli-Klinik. So zur Entfernung eines Darmtumors, später wegen einer Schulterprellung und 1994 zur Einsetzung einer Hüftprothese. Fortan musste er sich beim Gehen auf einen Stock stützen. Überdies macht ihm seit Jahren die Parkinsonsche Krankheit schwer zu schaffen. Karol Wojtyła, einst von den Medien als „Athlet Gottes" gerühmt, wurde für alle sichtbar ein „Mann der Schmerzen".
Kein Wunder, dass viele Zeitgenossen im Blick auf den

nun fast 82-jährigen, vom Schmerz gebeugten Pontifex fragen: Wie lange hält er noch durch? Und: Was geschieht, wenn der Papst nicht mehr zur Arbeit, zur effektiven Führung der Kirche imstande sein sollte? Wäre es denkbar, dass er sein Amt niederlegt? Denkt er selbst gelegentlich daran? Ein heikles, aber wichtiges Thema, das weit über die Person des jetzigen Kirchenoberhauptes hinausführt.

Kann ein Papst zurücktreten?

Ja, er kann – oder besser: Er könnte. Im Kirchenrecht heißt es dazu kurz: „Falls der Papst auf sein Amt verzichten sollte, ist zur Gültigkeit verlangt, dass der Verzicht frei geschieht und hinreichend kundgemacht, nicht jedoch, dass er von irgendwem angenommen wird." Dies erscheint durchaus logisch. Denn da in der katholischen Kirche niemand über dem Papst steht, braucht seine Demission keine Bestätigung. Das Kardinalskollegium hat den Amtsverzicht bloß zur Kenntnis zur nehmen. Mit der rechtsgültigen Publikation (also der „Kundmachung") jener Verzichtserklärung wird der Stuhl des römischen Bischofs vakant, und die Vorbereitungen zur Wahl seines Nachfolgers können beginnen.

Dass die Sedisvakanz nicht nur automatich durch den Tod des Pontifex eintritt, sondern dass sie auch durch seine Demission eintreten kann, wird sogar in den Papstwahl-Bestimmungen von 1996 angedeutet. Aber in Rom spricht derzeit, Anfang 2002, kaum jemand offen von einem eventuellen, krankheitsbedingten Rücktritt Johannes Pauls II. Wie viele Päpste im Lauf der Geschichte ihr Amt niederlegten und wieviele davon freiwillig, ist schwer zu beantworten, weil es für die Frühzeit keine eindeutigen historischen Beweise gibt. Waren es vier oder noch ein paar mehr?

Sicher ist, dass Clemens I. im Jahr 97 und Pontianus im Jahr 235 zum Exil verdammt und somit zum Amtsverzicht gezwungen wurden. Ein skandalöser Fall ist der schon erwähnte Benedikt IX. Er hat im Jahr 1045, als er zum zweiten Mal Papst wurde, abgedankt und sein Amt an einen anderen Kirchenmann (Gregor VI.) verkauft, kehrte zwei Jahre später jedoch auf den Papstthron zurück. Am berühmtesten ist allerdings der freiwillige Rücktritt Cölestins V. im Jahr 1294, auch weil man Cölestins ergreifende Abdankungserklärung kennt und weil Dante diesen Pontifex wegen „der großen Verweigerung" in die Hölle wünschte.

Für die allermeisten Bischöfe von Rom war die bloße Hypothese eines Rücktritts unannehmbar. Sie hatten nicht den geringsten Zweifel an der Regel: Ein Papst bleibt im Amt, bis er stirbt. Aber gerade in der neuesten Zeit haben sich manche Petrusnachfolger sehr wohl mit dem Gedanken befasst, im Notfall gezwungenermaßen oder freiwillig ihr Amt niederzulegen. Im Notfall: das heißt bei einer Verhinderung der freien Amtsausübung durch politischen Druck – oder durch gesundheitlichen Verfall.

Pius XII. zog beide Umstände in Betracht. So plante er seinen Rücktritt, falls ihn die Nazis verhaften und aus dem Vatikan ins Ausland entführen würden. Adolf

Hitler hatte, in dieser Sache unter dem Einfluss Martin Bormanns, einen derartigen Plan. Was den Punkt Gesundheit anlangt, ist folgendes bekannt: 1954 sagte Pius XII. zu einem engen Mitarbeiter mehrfach, dass „er sich vom Papstamt zurückziehen wolle, wenn ihn eine längere Krankheit heimsuchen würde".

Johannes XXIII. soll einen eventuellen Rücktritt aus Gesundheitsgründen sowohl mit seinem Beichtvater wie auch mit seinem Kardinalstaatssekretär erörtert haben. Und eine noch größere Rolle spielten solche Überlegungen bei Roncallis Nachfolger Paul VI., der vor seinem Tod 1978 schwer krank war. Der ehemalige Beichtvater des Montini-Papstes, der Jesuit Paolo Dezza, wird mit den Worten zitiert: „Mit forschreitendem Alter und dem Abnehmen seiner Kräfte dachte Paul VI. mehrfach an die Möglichkeit des Rücktritts. Ihn beunruhigte der Gedanke an eine Krankheit, die ihn arbeitsunfähig machen würde, und den daraus erwachsenden Schaden für die Kirche."

Wenn Paul VI. gleichwohl bis zu seinem Tod im Amt blieb, dann vor allem wegen seiner Überzeugung, dass „Vaterschaft"– nämlich die des Papstes für die Kirche – nicht aufkündbar sei. Außerdem wollte er nicht (durch Abdankung) einen Präzedenzfall schaffen, der dazu führen könnte, dass man künftige kranke Päpste zum gleichen Schritt zwingt.

Und Johannes Paul II.? Erste Gerüchte über einen eventuellen Amtsverzicht tauchten schon gleich nach dem lebensgefährlichen Attentat vom Mai 1981 auf. Zehn Jahre später kursierten Spekulationen, der Pontifex plane eine Pensionsgrenze für Päpste, analog zum Alterslimit für Bischöfe, die bekanntlich mit 75 Jahren ihren Rücktritt einreichen müssen. Demnach würde auch er selber, so hieß es, bald sein Amt niederlegen und nach Krakau – womöglich in ein Kloster – zurückkehren. „Alles Unsin", empörte sich der Vatikansprecher daraufhin, es handle sich um Phantasien ohne jedes Fundament und weitab von jeder Wahrscheinlichkeit.

Immer dann freilich, wenn Johannes Paul II. sich weiteren Operationen unterziehen musste oder wenn er Schwächeanfälle erlitt, wurde erneut über seine eventuelle Abdankung spekuliert. In Wahrheit schloss Karol Wojtyła einen solchen Schritt völlig aus. Das zeigt seine Bemerkung nach der Hüftoperation 1994 zu dem ihn behandelnden Chirurgen: „Professore, Sie und ich haben nur eine Wahl. *Sie* müssen mich kurieren, und *ich* muss schnell gesund werden, denn es gibt keinen Platz für einen emeritierten Papst." In Rom nimmt man zwar an, dass sich Johannes Paul II. inzwischen manchmal tiefbesorgt fragt, was wohl geschieht, wenn er schwer krank werden sollte. Aber Schriftliches aus seiner Hand gibt es dazu, soweit man weiß, bisher nicht.

Es gibt keine einfache Lösung dieses Problems. Die Kirche braucht ein Verfahren, um einen Papst im Extremfall absetzen zu können. Dieses Verfahren sollte bewusst schwierig gestaltet sein, damit man es nur dann anwenden kann, wenn breiter Konsens besteht, dass die Amtsenthebung des Pontifex zum Wohle der Kirche unumgänglich geworden ist. Bisher arbeitet, soweit man weiß, niemand im Vatikan an einem einschlägigen Papier. Und nichts deutet auf Pläne zu

einer freiwilligen Abdankung des körperlich gezeich-
neten, aber geistig wachen Papstes hin. Deshalb muss
man davon ausgehen: Johannes Paul regiert die Kirche
bis zu seinem Tode; dann gelten für die Sedisvakanz
und das nächste Konklave jene Regeln, die er selbst erlassen hat.

Habemus Papam:
Das geltende Konklave-Verfahren

Die rechtmäßige „apostolische Sukzession" im römischen Bischofsamt ist schon immer ein besonderes Kennzeichen der Kirche gewesen. Deswegen haben es die Päpste im Lauf der Geschichte als ihr Recht und ihre Pflicht angesehen, mit entsprechenden Normen die Wahl ihres Nachfolgers festzulegen. Dies taten auch, wenn man vom 33-Tage-Papst Johannes Paul I. absieht, die unmittelbaren Vorgänger Karol Wojtyłas auf dem Stuhl Petri. Dennoch sah sich Johannes Paul II. veranlasst, die Regeln zu überarbeiten, zu ergänzen. Und zwar einerseits (wie er betont) „im Bewußtsein der veränderten Situation, in der heute die Kirche lebt", andererseits um die Revision des kanonischen Rechts zu berücksichtigen.

So kam es im Februar 1996 zu jener Apostolischen Konstitution „Über die Vakanz des Apostolischen Stuhles und die Wahl des Papstes von Rom", die gemäß ihrer lateinischen Anfangsworte den Titel „Universi Dominici Gregis" (Hirte der gesamten Herde des Herrn) trägt. Niemand, so mahnt der Papst im Schlusswort zur Promulgation des Dokumentes, niemand soll diese Konstitution anfechten. „Sie muss von allen unantastbar befolgt werden." Zugleich setzt Johannes Paul II. sämtliche einschlägigen Bestimmungen früherer Päpste außer Kraft.

Die Einleitung des Dokumentes ist zugleich eine Art Zusammenfassung. So bekräftigt der Pontifex, dass zur Teilnahme an der Papstwahl nur die Kardinäle der Heiligen Römischen Kirche berechtigt sind – vornehmlich deshalb, weil die Zusammensetzung des Kardinalskollegiums aus Purpurträgern aller Kontinente die Universalität der Kirche gut zum Ausdruck bringt. Außerdem wird bestätigt: Die Höchstzahl der Wahlberechtigten beträgt 120; die über 80-jährigen Purpurträger sind ausgeschlossen. Das Konklave soll weiterhin in der Sixtinischen Kapelle stattfinden. Abgestimmt wird durch geheime Wahl. Denn dieses Verfahren bietet die größten Garantien für Klarheit, besonders aber für eine wirkliche Teilnahme aller wahlberechtigten Kardinäle.

Das erste Kapitel von „Universi Dominici Gregis" legt alle Einzelheiten für die Zeit der Sedisvakanz – also für die Zeit zwischen den Päpsten – fest. Das reicht von den (sehr beschränkten) Vollmachten des Kardinalskollegiums bis zu den neuntägigen Trauerfeierlichkeiten für den verstorbenen Pontifex. Während der Sedisvakanz gibt es so genannte Generalkongregationen; an ihnen müssen eigentlich alle Kardinäle teilnehmen, die nicht „rechtmäßig verhindert sind". Jene Purpurträger jedoch, die als über 80-jährige nicht an der Papstwahl teilnehmen können, dürfen – wenn sie es vorziehen –wegbleiben.

Die Teilnehmer der Generalkongregationen müssen gleich zweimal den Eid ablegen, dass sie die in „Universi Dominici Gregis" enthaltenen Vorschriften einhalten und das Amtsgeheimnis wahren.
Zunächst schwören sie dies als Kardinalbischöfe, Kardinalpriester und Kardinaldiakone der Heiligen Römi-

schen Kirche. Danach, so das Dokument, soll jeder einzelne Kardinal sprechen: „Und ich, N. Kardinal N., verspreche es, verpflichte mich darauf und schwöre es." Während er die Hand auf das Evangelium legt, füge er hinzu: „So wahr mir Gott helfe und die heiligen Evangelien, die ich mit meiner Hand berühre."

Wähler und Wahlhelfer

Wesentlich umfangreicher ist der zweite Teil von „Universi Dominici Gregis": 34 Druckseiten. Die darin enthaltenen Vorschriften muten zum Teil bürokratisch an – aber just durch ihre Genauigkeit wird nichts dem Zufall überlassen und jede unterschiedliche Interpretation ausgeschlossen. Der Papst wiederholt, was er bereits in der Einleitung über die Wahlberechtigten (alle Kardinäle unter 80) und deren Höchstzahl (120) festlegt. Wann beginnt das Konklave? 15, spätestens jedoch 20 Tage nach Beginn der Sedisvakanz, also nach dem Tod oder Rücktritt des Papstes. Zur Wahl und dem ganzen Drum und Dran sind natürlich Personen nötig, die man als Wahlhelfer oder im weiteren Sinne als Konklavehelfer bezeichnen kann.

Auf dieser Liste stehen der Sekretär des Kardinalskollegiums (der als Sekretär der Wahlversammlung fungiert), der Päpstliche Zeremonienmeister mit zwei Zeremoniaren und zwei Ordensleuten der Päpstlichen Sakristei sowie ein vom Kardinaldekan als Assistent bestimmter Kleriker. Weiter sollen einige Ordenspriester verschiedener Sprachen für die Beichte zugegen sein, zwei Ärzte für eventuelle Notfälle, ferner Personen, „die für den Tischdienst und für die Sauberhaltung zur Verfügung stehen".

Sie alle sind zu absoluter Geheimhaltung verpflichtet, „und zwar auf ewig". Die Konklavehelfer müssen sogar schwören, dass sie keinerlei Aufnahmegeräte für Stimmen oder Bilder während des Wahlverfahrens benützen. Wenn ein Verstoß gegen diese Normen entdeckt wird, müssen die Täter mit schweren Strafen nach

Blick in die Sixtinische Kapelle, während die Kardinäle gemeinsam das „Veni Creator Spiritus" singen.

dem Ermessen des künftigen Papstes rechnen. Feierlicher Auftakt der Wahlhandlungen ist ein Gottesdienst am Vormittag des festgesetzten Tages. Und zwar im Petersdom, wo die wahlberechtigten Kardinäle an einer Eucharistiefeier „Pro eligendo Papa" teilnehmen. Am Nachmittag dann begeben sich die Kardinäle in Chorkleidung in einer Prozession, „unter dem Gesang des ‚Veni Creator' den Beistand des Heiligen Geistes erflehend, in die Sixtinische Kapelle". Nach der Eidesablegung des letzten wahlberechtigten Kardinals gebietet der Zeremonienmeister das „extra omnes" (alle raus), worauf alle Unberechtigten die „Sixtina" verlassen müssen. Und die Wahl kann beginnen.

Wie verläuft sie, ganz konkret? Am Nachmittag des ersten Tages findet im Konklave normalerweise nur ein Votum statt; an den folgenden Tagen jedoch, wenn die gültige Wahl nicht schon im ersten „Durchgang" erfolgte, gibt es vormittags und nachmittags jeweils zwei Wahlgänge. Das Dokument von 1996 unterscheidet beim Vorgang der Abstimmung drei Phasen. Zunächst geht es um die „Vorstufe", gewissermaßen um technisch-organisatorische Details. Dazu gehört besonders die Auslosung von drei Wahlhelfern aus dem Kreis der Kardinäle, von jenen drei Beauftragten – den „Infirmarii" –, die notfalls die Stimmen der Kranken einsammeln, sowie von drei Wahlprüfern.

Der Stimmzettel muss rechteckig sein und soll in der oberen Hälfte, möglichst im Vordruck, die Worte enthalten „Eligo in Summum Pontificem" (Ich wähle zum Papst), während auf die untere Hälfte der Name des Gewählten geschrieben werden soll. Die Ausfüllung der Stimmzettel, so die Vorschrift, „ist von jedem

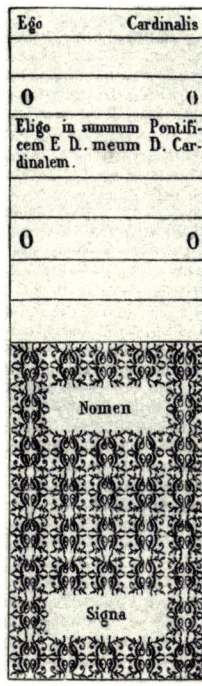

Ego	Cardinalis
0	0
Eligo in summum Pontificem E D. meum D. Cardinalem.	
0	0
Nomen	
Signa	

Kopie eines Wahlzettels
(Papstwahl von Leo XIII. 1878)

wahlberechtigten Kardinal geheim zu vollziehen, indem er, möglichst in verstellter, aber deutlicher Schrift den Namen dessen aufschreibt, den er wählt". Der Zettel muss dann zweimal gefaltet werden. Während der Voten dürfen nur die wahlberechtigten Kardinäle in der „Sixtina" sein; der Päpstliche Zeremonienmeister und die Zeremoniare haben sofort nach Ausgabe der Stimmzettel den Raum zu verlassen.

Die zweite Phase, nämlich der eigentliche Wahlgang, umfasst das Einwerfen der Stimmzettel in die Urne, das Mischen und Zählen dieser Zettel sowie die öffentliche Auszählung der Stimmen. Jeder Kardinal bringt „seinen" Zettel zum Altar, auf dem sich die mit einem Teller bedeckte Urne befindet. Dort spricht er mit erhobener Stimme folgende Eidesformel: „Ich rufe Christus, der mein Richter sein wird, zum Zeugen an, dass ich den gewählt habe, von dem ich glaube, dass er nach Gottes Willen gewählt werden soll." Dann legt er den Zettel auf den Teller und gibt ihn damit in die Urne. Hier auf macht er eine Verneigung zum Altar hin und kehrt an seinen Platz zurück. Die Wahlhelfer zählen die Stimmen zusammen, die auf die einzelnen

Namen entfallen, und vermerken das Ergebnis auf einem gesonderten Blatt. In der dritten und letzten Phase schließlich werden die Stimmen ausgewertet, kontrolliert und am Ende die Stimmzettel verbrannt.

Damit kommt, auch wenn das Dokument nicht davon spricht, jenes kuriose Eisenöfchen wieder zu Ehren, das man aus einer vatikanischen Abstellkammer holt und in der „Sixtina" plaziert. Sein Rohr ragt an einer Wand im hinteren Teil der Kapelle hoch und führt zum Dach hinaus. Schwarzen Rauch erzeugen die Konklavehelfer dadurch, dass sie zusammen mit den Stimmzetteln nasses Stroh verbrennen, weißen Rauch durch Hinzufügen von trockenem Stroh. Doch die

Der Ofen, dessen schwarzer oder weißer Rauch den Ausgang der Wahlgänge verkündet.

Rauchzeichen waren, wie schon erwähnt, manchmal irreführend. Wird man beim nächsten Konklave durch chemische Zusätze beim Verbrennen eindeutige klare Signale geben? Abwarten.

Gefährliche Reform?

Die wichtigste substantielle Neuerung von „Universi Dominici Gregis" betrifft das Wahlsystem. Zwar betont Johannes Paul II. mehrfach, dass zur gültigen Papstwahl zwei Drittel der Stimmen erforderlich sind; sollte die Zahl der anwesenden Kardinäle nicht genau durch drei teilbar sein, ist eine weitere Stimme notwendig. Doch Abschnitt 74 des Dokumentes räumt – ein Novum – die Möglichkeit ein, bei einem sehr langen Konklave von der Zweidrittelmehrheit abzuweichen und den Pontifex nur mit einfacher Mehrheit zu bestimmen.

Bis es dazu kommt, so könnte man sagen, muss allerdings – nicht weit vom Vatikan – viel Wasser den Tiber hinunterfließen. Wie besagt doch das Dokument? Wenn die Abstimmungen drei Tage lang keine Zweidrittelmehrheit erbrachten, also ergebnislos blieben, so werden sie höchstens einen Tag unterbrochen – für Gebete, zwanglose Gespräche unter den Wählern und eine geistliche Ansprache durch den ranghöchsten Kardinaldiakon. Darauf setzt man die Abstimmungen fort. Wenn nach weiteren sieben Durchgängen noch immer keine Wahl erfolgt ist, wird erneut eine Pause eingelegt. Nochmals sieben Abstimmungen und – falls auch sie ergebnislos enden – wieder Unterbrechung ... Dann, nach ungefähr 12 Tagen Konklave mit insgesamt etwa 33 Wahlgängen, käme die Neuerung. Der Kardinalkämmerer (derzeit der Spanier Eduardo Martinez Somalo) fordert zur Beratung auf. „Anschließend wird dementsprechend weiter verfahren, was die absolute Mehrheit beschlossen hat." Somit kann diese Mehrheit bestimmen, dass ab sofort – um endlich zum Ziel zu gelangen – schon die einfache Mehrheit zur gültigen Papstwahl ausreicht.

Was Johannes Paul mit dieser Reform bezweckt, ist klar: Er möchte um jeden Preis verhindern, dass das nächste Konklave übermäßig lang dauert. Doch der Preis für diese Neuerung, meinen manche Vatikanbeobachter, könnte hoch sein. In der Tat ist der Druck, im Konklave einen Kompromisskandidaten zu suchen und zu wählen, geringer geworden. Angenommen, eine bestimmte Gruppe bringt für ihren Favoriten nur 50 Prozent der Stimmen, aber keine Zweidrittelmehrheit zusammen, so braucht sie nur geduldig 12 Tage abzuwarten. Dann kommt sie wegen der fortan geltenden „einfachen Mehrheit" doch zum Sieg. Unter diesen Umständen könnte ein Pontifex mit hauchdünner Mehrheit gewählt werden, wodurch er innerkirchlich sicher schwächer wäre als einer, für den sich zwei Drittel der Kardinäle aussprachen.

Nimmt der Gewählte die Wahl an, so ist er „unmittelbar Bischof der Kirche von Rom, wahrer Papst und Haupt des Bischofskollegiums". Indem die Purpurträger dem neuen Pontifex die Huldigung erweisen und ihm Gehorsam versprechen, geht das Konklave zu Ende. Der erste der Kardinaldiakone verkündet dem wartenden Volk die Wahl und den Namen des neuen Katholikenoberhauptes. Die berühmte lateinische Formel beginnt mit den Worten: „Anuntio vobis gaudium magnum, habemus papam! " (Ich verkünde euch eine große Freude, wir haben einen Papst!)

Tatort Sixtinische Kapelle

Wer Konklave sagt, denkt sogleich an die Sixtinische Kapelle. Denn dort fanden seit der Renaissance die meisten und seit 1878 alle Papstwahlen statt. Sixtus IV. war es, der diese – nach ihm benannte –Cappella im späten 15. Jahrhundert als repräsentativen Raum für höfische Zeremonien anlegen ließ. Die „Sixtina" gehört heute zu den Vatikanischen Museen, sie ist also unzähligen Besuchern bekannt. Ihren Ruhm gewann sie durch die Bemalung. Zunächst schmückten bedeutende Künstler aus Umbrien und der Toskana –etwa Perugino, Rosselli, Botticelli – die Seitenwände der Kapelle mit biblischen Szenen aus. Dann holte der ebenso energische wie kunststinnige Julius II. den jungen Michelangelo Buonarotti, um das Deckengewölbe und die Lünetten zu bemalen. An der Decke schuf der Maestro „Die Schöpfung". Man kann nur ahnen, in welch körperlich qualvoller Position, stets den Kopf im Nacken, Michelangelo da jahrelang auf dem Gerüst arbeiten musste.

„Ich habe die Kapelle fertig gemalt, der Papst wird zufrieden sein", schrieb der Künstler 1512 an seinen Vater. Julius II. war mehr als zufrieden: Er erkannte,

Letzte Vorbereitungen in der Sixtinischen Kapelle für die Papstwahl.

dass es sich um ein Meisterwerk handelte. An der Einweihung der neu ausgeschmückten Kapelle, am Vorabend von Allerheiligen 1512, konnte Michelangelo, krank vor Erschöpfung, nicht teilnehmen. Die Römer huldigten seinem Genie.

Und 24 Jahre später begann er, diesmal auf Drängen von Papst Paul III., abermals in der „Sixtina" zu arbeiten – an der Altarwand. Er wollte der an der Decke gezeigten Erschaffung der Welt nun deren Ende entgegensetzen – jenes Jüngste Gericht, in dem Christus als Weltenrichter erscheint und die Gerechten zu sich ruft, die Verdammten jedoch in die Hölle schickt. 1541 beendete der Maestro das 180 Quadratmeter große Werk, das zum berühmtesten Fresko der Weltkunst wurde. Der damalige Zeremonienmeister des Papstes empörte sich: Die vielen nackten Gestalten auf dem Wandgemälde würden vielleicht in eine Kneipe oder ein Bad passen, nicht aber in eine apostolische Kapelle!

Das gegenreformatorische Konzil von Trient trieb den Kunstpuritanismus auf die Spitze, indem es die Verhüllung der Nackten befahl. Die Folge: 1564 erhielt Daniele da Volterra den Auftrag, die „nudi" von Michelangelo zu verhüllen. Er malte Schamtücher über die Blößen von 38 Figuren. Auch später erfolgten kleine Übermalungen und obendrein noch schlampige Teilrestaurierungen. Schichten aus Kerzenruß, Weihrauch und Staub legten sich auf die Fresken. Eine Patina entstand, von der man merkwürdigerweise weithin glaubte: Genau so habe es Michelangelo gewollt! Die Wandgemälde haben im Lauf der Zeit immer wieder Bildungsreisende, Künstler und Poeten – man denke nur an Goethe – tief beeindruckt.

In den 1970er Jahren, als Paul VI. die Kirche regierte, beschloss der Vatikan, die Fresken gründlich zu säubern – und zwar mit modernsten Methoden. 1981 begann, was Experten später als die „Jahrhundert-Restauration" bezeichnen sollten. Da der Vatikan die kostspieligen Arbeiten nicht finanzieren konnte, suchte er Geldgeber. Wichtigster Sponsor wurde schließlich ausgerechnet eine (nicht katholische) Fernsehgesellschaft aus Japan: Für vier Millionen Dollar erhielt sie die Exklusivrechte für Filme und Fotos von der Restaurierung in der „Sixtina".

Das Ergebnis der Restaurierung war verblüffend. Denn unter der Schmutzschicht aus beinahe fünf Jahrhunderten kam ein neuer, farbkräftiger Michelangelo ans Licht. Zunächst beim Deckenfresko und den

Lünetten, die nun stahlblau und blutrot, lila und orange, gelb und grün leuchteten. Zwar riefen diese „neuen", kühnen Farben Kritik hervor, schon tauchte die polemische Frage auf: „Wird Michelangelo kaputt-restauriert?" Doch die vatikanischen Restaurateure antworteten überzeugend: Nein, absolut nicht. Die Farben seien nun wieder so, wie sie ursprünglich waren. Unterdes begann die Säuberung des „Jüngsten Gerichts". Auch bei diesem Wandgemälde hatte Michelangelo, der sich eher als Bildhauer denn als Maler verstand, Kategorien der Skulptur auf die gemalte Figur übertragen, weshalb die 391 Gestalten auf dem riesigen Wandgemälde durchwegs plastisch wirken. 1994 schloss man die Restaurierung ab. Es war, als sei das Meisterwerk aus langer Verdunkelung auferstanden – ein Farbenfest im Vatikan.

Die „Sixtina" und vor allem die Altarwand mit Michelangelos Fresko – wahrlich ein feierlicher, würdiger Rahmen für das Konklave. So manchem Kardinal dürfte angesichts des „Jüngsten Gerichts" erst recht klar geworden sein, welche Verantwortung er trägt. Johannes Paul II. unterstreicht in „Universi Dominici Gregis" denn auch: Wegen des „heiligen Charakters" der Handlung soll die Papstwahl weiterhin in der Sixtinischen Kapelle stattfinden. Dort trägt alles dazu bei, „das Bewußtsein der Gegenwart Gottes zu stärken, vor dessen Angesicht ein jeder eines Tages treten muss, um gerichtet zu werden".

Das Hospiz Santa Marta

Das nächste Konklave wird das erste sein, bei dem die Wähler und Helfer im Domus Sanctae Marthae logieren. Auch dieses Gästehaus, eine Art Kleriker-Hotel, hat – wie alles im Vatikan – seine besondere Geschichte. Papst Leo XIII. war es, der 1884 das „Ospizio di Santa Marta" gegründet und es italienischen Nonnen anvertraut hat. Zunächst diente das Hospiz als Krankenhaus, doch mit der Zeit wurde es eine Aufnahmestätte für Pilger – infolgedessen funktionierte Santa Marta wie ein kirchliches Gasthaus. Just in dieser Eigenschaft kam das Hospiz im Herbst 1978 dem neugewählten Papst Johannes Paul II. sehr zustatten. Ein italienisches Buch schildert, was damals, am 23. Oktober, geschah:

„Vor dem Empfang der polnischen Pilger hatte Johannes Paul II. den Erzbischof Caprio beauftragt, ein großes Mittagessen in ‚Santa Marta' zu organisieren, dem einzigen Gasthof des Vatikans. Caprio fiel aus allen Wolken, als er erfuhr, dass an der Mahlzeit neben 28 polnischen Bischöfen und etwa 40 weiteren Personen auch der Papst teilnehmen würde. Es war das erste Mal in diesem Jahrhundert, dass ein Pontifex ‚auswärts' essen ging. Das Menü war typisch italienisch, aber man hatte in aller Eile auch polnischen Wodka besorgt. Als der Papst kam, schob er den für ihn am Ehrenplatz des Tisches reservierten Thronsessel zur Seite und setzte sich wie die anderen auf einen gewöhnlichen Stuhl. Nach kurzem Gebet begann das Essen ... Es gab belebte Konversation, die neun Wodkaflaschen waren schnell geleert."

Anfang der 90-er Jahre beschloss der Vatikan, das veraltete Hospiz zu restaurieren und teilweise aufzustocken. Prompt tauchten Spekulationen auf, Santa Marta werde die Teilnehmer des nächsten Konklaves beherbergen. Das lag auf Grund der Erfahrungen von 1978 nahe. Denn mehrere Kardinäle hatten damals über die notdürftige Einquartierung bei den beiden Konklaven – und besonders über die unerträgliche Hitze in den „Zellen" im August '78 – Klage geführt. Auch Johannes Paul II. empfand die Unterbringung auf Notbetten in solchen Zellen nahe der „Sixtina" als unzumutbar. Und er zog die Konsequenzen.

Bei Beginn des Konklaves, so bestimmt das Dokument von 1996, müssen alle Wahlberechtigten und die Helfer eine Unterkunft im Domus Sanctae Marthae erhalten und bezogen haben. Das Los entscheidet über die Zuteilung der Zimmer, die alle mit Bädern ausgestattet sind und einen erheblichen Fortschritt gegenüber den Zellen im Apostolischen Palast darstellen. Die Eminenzen haben es nun bequemer. Allerdings, sie müssen strenge Regeln beachten. Wie die Sixtinische Kapelle, so wird ja auch das Hospiz Santa Marta während des Konklaves praktisch von der Außenwelt abgeschlossen. Die Kardinäle sollen sich „vom Beginn der Wahlhandlungen bis zur öffentlichen Bekanntmachung der erfolgten Wahl jeder brieflichen und telefonischen Korrespondenz enthalten". Der Bezug von Zeitungen sowie der Empfang von Radio- oder Fernsehsendungen ist den Kardinälen untersagt. Für Santa Marta heißt dies, dass man den Konklavemännern Telefon, Radio und TV abstellt. Das Telefonverbot bezieht sich auch auf Handys.

Das Kreuz mit der Geheimhaltung

Immer wieder schärft Johannes Paul II. in seinem Dokument allen Konklave-Teilnehmern das Gebot ein, ja nichts auszuplaudern, ja nichts nach außen dringen zu lassen. Die ständige Verpflichtung zur Geheimhaltung mutet fast wie eine Obsession an. Vielleicht fürchtet er, dass schlitzohrige Medienleute rund um den Wahlort „Wanzen" anbringen. Jedenfalls besagt der Regelkatalog von 1996: In der Sixtinischen Kapelle und den anliegenden Räumen sollen zuverlässige und kompetente Personen „genaue und strenge Kontrollen vornehmen, damit in jenen Räumen nicht auf heimtückische Weise audiovisuelle Hilfsmittel zur Wiedergabe und Übertragung nach außen installiert werden".

Indes, völlige Abschottung der Konklavemänner ist heute schwieriger denn je. Und das hat auch mit ihrer Unterbringung in Santa Marta zu tun. Lässt es sich vermeiden, dass sie in der Pension anderen Personen begegnen und mit ihnen ein paar Worte wechseln? Wie sollen sie hunderprozentig abgeschirmt von der „Sixtina" ins Hospiz gelangen? Das vatikanische Dokument warnt: Die Kardinäle dürfen „auf dem Weg vom Domus Sanctae Marthae zum Apostolischen Palast von niemandem erreicht werden können". Daraus könnte man schließen: Transport per Zubringerbus. Oder Fußmarsch, still und heimlich, damit niemand die hohen Herren anspricht. Die Kardinäle könnten von der Wahlkapelle aus über den Petersdom und das Sakristeigebäude per pedes Santa Marta erreichen und diese Route natürlich auch auf dem Rückweg nehmen. Für ältere Würdenträger aber recht anstrengend.

Besonders im Hinblick auf die Einquartierung der Wähler und Helfer in Santa Marta drängen sich Fragen auf: Wird man das Handyverbot im Hospiz radikal einhalten? Werden sich raffinierte römische Reporter, vielleicht als Boten oder Lieferanten verkleidet, in das Hospiz einschleichen, um News aus dem Konklavemilieu zu ergattern? Wie auch immer: Die Schwestern und Wächter von Santa Marta müssen, wenn die Papstwähler bei ihnen logieren, gehörig aufpassen. Und die Verantwortlichen für das Konklave, also vor allem der Kardinalkämmerer und sein Stab, müssen bei der Auswahl des Hilfspersonals sehr vorsichtig sein. Auch im Zusammenhang mit Logistik und Kommunikation wird es bei der nächsten Papstwahl viele Spekulationen geben: Ein „gefundenes Fressen" für die Medien.

KONSERVATIVE UND REFORMER: DIE PAPST-KANDIDATEN

Alle Überlegungen im Blick auf das nächste Konklave müssen von ein paar grundsätzlichen, eng miteinander verbundenen Tatsachen ausgehen. Nummer eins: Die Wähler werden mit Sicherheit wieder einen der ihren, also einen unter 80-jährigen Purpurträger zum Papst küren. Nummer zwei: Die Wahl hängt wesentlich von der Zusammensetzung des Kardinalskollegiums und von eventuellen Flügelbildungen ab. Nummer drei ist eine direkte Folge: Je länger das gegenwärtige Pontifikat andauert, umso häufiger muss man die Liste der Nachfolge-Kandidaten revidieren.

Denn etliche Kardinäle treten – von plötzlichen Todesfällen ganz abgesehen – im Lauf der Jahre durch ihre Pensionierung als Amtsträger allmählich in den Hintergrund oder sie scheiden durch das Erreichen der Altersgrenze ganz aus dem Wählerkreis aus; die etwas Jüngeren rücken vor. Außerdem füllt der Papst durchnittlich alle drei Jahre die entstandenden „Lücken" auf, indem er neue Kardinäle für vakant gewordene Erzbischofssitze oder hohe Kurienämter ernennt. „Wieviele Purpurträger zu welchem Zeitpunkt welchen Kardinal zum Papst wählen werden, bleibt unvorhersehbar", betont der österreichische Publizist Heiner Boberski in einem neuen Buch. Dennoch kann man bestimmte Szenarien beschreiben und vorsichtige Prognosen wagen.

Papst Johannes Paul II. hat bisher in acht Konsistorien insgesamt 201 Kirchenmänner zu Kardinälen erhoben. Nicht wenige davon sind inzwischen verstorben. Die umfangreichste Kardinalberufung erfolgte im Februar 2001, als der Papst gleich 44 Klerikern den Purpur verlieh.

Zwar hat Johannes Paul II. durch die Ernennung so vieler neuer Kardinäle die an sich festgelegte Höchstzahl der Papstwähler (120) überschritten. Doch da er für die nächsten zwei, drei Jahre kein weiteres Konsistorium plante, war ja klar: Durch das Erreichen der Altersgrenze bei etlichen Elektoren würde sich die Zahl bald wieder auf 120 einpendeln. Nehmen wir den Stichtag 1. Januar 2002. Zu diesem Zeitpunkt gab es 129 wahlberechtigte Kardinäle. Bis Ende September 2002 jedoch verlieren zehn Kardinäle, weil sie 80 werden, das Wahlrecht – womit die Zahl der Konklavemänner auf 119 schrumpft.

Die Wähler, die „Papstmacher", kommen aus allen Teilen der Erde. In der Tat gehört die Internationalisierung des Kardinalskollegiums zu den wichtigen Merkmalen der katholischen Kirche seit Paul VI. Nur mehr knapp die Hälfte der am Stichtagwahlberechtigten Purpurträger kommt aus Europa, alle übrigen stammen aus Nord- und Lateinamerika, Afrika, Asien und Ozeanien. 40 der 129 Wähler arbeiten in der römischen Kurie – oder sie gehörten vor ihrer Pensionierung dieser Behörde, sprich: der Kirchenregierung im Vatikan, an. Während das Kollegium, das 1939 Eugenio Pacelli zum Papst (Pius XII.) erhob, noch fast zur Hälfte aus Kurienkardinälen bestand, machen die „Kurialen" inzwischen weniger als ein Drittel aus.

Gleichwohl steht außer Frage, dass die Kurienkardinäle weiterhin erheblichen Einfluss im Konklave ausüben. Denn sie genießen hohes Ansehen und haben den Heimvorteil. Da der Anteil der Italiener an den Spitzenposten sinkt und der Vatikan immer internationaler wird, ist die Kurie freilich längst keine einheitliche kirchenpolitische „Fraktion" mehr.

Unter den Elektoren aus der Kurie überwiegen die Konservativen, auch „Zentralisten" genannt, ganz eindeutig. Viel deutlicher als in der Gesamtheit des Wahlkollegiums. Gewiss, die Klassifizierung in Konservative, Liberale und Progressive, in Traditionalisten und Reformer wirkt schablonenhaft; sie verdeckt feine Unterschiede, Nuancen im breitgefächerten „Senat der Kirche". Und sie ist deshalb problematisch. Dennoch hat es sich in der kirchlichen Öffentlichkeit und Publizistik nun mal eingebürgert, auch die Kardinäle in diese Kategorien einzuteilen.

Wie soll der Nachfolger Wojtyłas sein?

Die Wahl des Pontifex hängt, was kaum betont werden muss, von vielen, ganz verschiedenen Faktoren ab. Einer davon ist die Dauer der Amtszeit des Vorgängers: Nach einem so langen Pontifikat wie dem jetzigen wollen die Kardinäle wahrscheinlich ein kürzeres. Das hieße, dass man nicht einen „jungen" wie den bei seiner Wahl erst 58-jährigen Karol Wojtyła, sondern einen wesentlich älteren Kardinal zum Papst kürt. Zwar ist in diesem Punkt Vorsicht angebracht. Denn als die Purpurträger 1958 den damals knapp 77-jährigen Johannes XXIII. wählten, hielten sie ihn für einen „Übergangspapst". Doch ausgerechnet er löste durch die Einberufung des Konzils tiefgreifende Reformen aus.

Trotzdem spricht manches dafür, dass die Wahlmänner nach Wojtyła einen „Übergangspapst" bevorzugen. Auch sonst dürfte sich, wenn die Auguren recht behalten, der künftige Pontifex deutlich von seinem Vorgänger unterscheiden. Wer die letzten fünf Pontifikate betrachtet, muss fast den Eindruck gewinnen, dass die Kardinäle immer eine Persönlichkeit wählten, die das Gegenteil des gerade verstorbenen Papstes war. Ein Wunsch nach Abwechslung, nach Stilwandel? So scheint es – wie der Jesuit Thomas J. Reese unterstreicht: Auf den asketischen und aristokratischen Pius XII. folgte der joviale und bäuerliche Johannes XXIII., auf diesen folgte der kompetente Manager Paul VI., auf diesen folgte der lächelnde Seelsorger Johannes Paul I., und auf diesen im Vatikan noch unsicheren Mann folgte schließlich der robuste, selbstsichere Johannes Paul II.

Wie soll sich nach dem Wunsch der Konklave-Mehrheit der nächste Papst von Karol Wojtyła unterscheiden? Die Frage, wie ein Kandidat im Vergleich zu dem letzten Pontifex abschneidet, ist freilich nur eine der Variablen bei der ganzen Überlegung. Hier noch eine Reihe anderer Faktoren, die bei der Wahl sicher eine Rolle spielen werden:

Ein „papabile", ein sozusagen papsttauglicher Kandidat, muss sprachenkundig und weltoffen sein. Er sollte – schon weil er ja der Bischof von Rom würde und

Das Hospiz Santa Marta im Vatikan – der neue Wohnort der Kardinäle bei einem künftigen Konklave

*Die Bischöfe Karl Lehmann (links) und Walter Kasper wur-
den ebenso wie Bischof Johannes Joachim Degenhardt und
Prof. Leo Scheffczyk Anfang 2001 zu Kardinälen ernannt.*

Kardinal Carlo Martini, Erzbischof von Mailand, galt lange Zeit als Favorit für die nächste Papstwahl; er rückt auch aus Altersgründen aber nun in den Hintergrund.

Vielleicht ein Papst aus Lateinamerika?
Kardinal Dario Castrillon Hoyos aus Kolumbien leitet die
Kongregation für den Klerus.

mit Rücksicht auf die Umgangssprache im Vatikan – italienisch sprechen oder zumindest imstande sein, es schnell zu lernen. Da zahlreiche Kardinäle in Rom studiert oder gearbeitet haben, ist dies gewöhnlich auch kein Problem. Dutzende von Eminenzen sind polyglott. Aber fest steht, dass mangelnde Fremd- sprachenkenntnis die Chancen von potentiellen Kan- didaten mindern.

Eng mit der Sprachkenntnis verbunden ist die von einem „papabile" verlangte Fähigkeit zur Kommunikation. Ge- wiss, der Kandidat muss kein Medienstar sein – als ein solcher hat sich bekanntlich Johannes Paul II. erwiesen –, aber er darf auch kein Medienmuffel sein! Gerade heut- zutage nicht, da Kommunikation und der richtige Um- gang mit den Massenmedien so viel bedeuten.
Doch zum Anforderungsprofil des künftigen Papstes gehören noch weitere, wichtige Aspekte. So fällt ins Gewicht, ob ein Kandidat der römischen Kurie ange- hört oder Erzbischof einer Diözese ist. Die Wahlen von Johannes Paul I. und Johannes Paul II. legen den Schluss nahe, dass die meisten Kardinäle einen Ponti- fex mit pastoraler Erfahrung wünschen, einen Hirten und keinen vatikanischen Bürokraten.

Überdies spielt die Nationalität eine Rolle. Wenn nicht alles täuscht, haben sowohl amerikanische wie auch deutsche und osteuropäische Kardinäle kaum Chan- cen, Papst zu werden. Es gibt dafür die unterschiedlich- sten Gründe: Ein Pontifex aus den Vereinigten Staaten würde weithin mit der Supermacht USA identifziert – unmöglich. Unmöglich auch deshalb, weil ein solcher Papst bei Konflikten zwischen den Staaten schwerlich als neutraler Vermittler auftreten könnte.

Und die Deutschen? Da würden wohl die meisten Konklavemänner sagen: „Germania" sei politisch-wirt-
schaftlich so stark, dass es nicht auch noch den Papst
stellen könne. Außerdem ist die Belastung durch die
jüngste Geschichte eine Hypothek. Einen Deutschen
als Papst kann sich die katholische Welt nicht (oder
noch nicht) vorstellen. Und darauf nehmen die Kardinäle Rücksicht. Was schließlich die Osteuropäer anlangt, so dürfte nach Karol Wojtyła nicht gleich wieder
einer von ihnen ins höchste Kirchenamt aufsteigen.

Vielleicht wieder ein Italiener

Drei Viertel aller Päpste waren Italiener. Und die Wahl
eines Italieners, so hieß es jahrhundertelang, sei nicht
bloß sinnvoll, weil der Papst ja Bischof von Rom ist,
sondern auch deshalb, weil Italien keine Großmacht
ist, weshalb ein italienischer Pontifex bei Krisen zwischen den Großmächten leicht neutral bleiben kann.
Allerdings: Bei der Wahl des Polen Karol Wojtyła 1978
sagte der prominente römische Jesuit Bartolomeo
Sorge zu Recht, in der Kirche gebe es keine „Auslän-
der", Universalität gehöre zu ihrer Natur, und „die
Wahl eines Nicht-Italieners verursacht deshalb keinerlei Trauma". Jetzt, da sich das Pontifikat Johannes
Pauls II. dem Ende zuneigt, wünschen viele Katholiken in der ganzen Welt: Die Internationalisierung der
Kirchenführung soll weitergehen – nach Wojtyła abermals ein nicht-italienischer Pontifex!

Aber es gibt auch andere Meinungen. Nicht etwa, weil
der Papst aus Polen seine Aufgabe als Oberhirte der

Diözese Rom und „Primas von Italien" vernachlässigt hätte. Sondern weil manche Kirchenmänner – vor allem natürlich Italiener – nach dem Slawen Wojtyla zur Tradition zurückkehren möchten. Als Wortführer dieser Lobby kann der prominente katholische Publizist Vittorio Messori gelten. Im Mai 2000 plädierte er in einem langen Zeitungsartikel dafür, der nächste Papst solle ein Italiener sein. Hauptsächlich deshalb, weil Johannes Paul die Kirche und besonders die römische Kurie derart unter Hochspannung gehalten habe, dass sie nach ihm wieder Ruhe benötigt.

„Paradoxerweise ist es gerade die Außergewöhnlichkeit der nun 22 Jahre andauernden Erfahrung mit dem polnischen Papst, die eine Rückkehr zur italienischen Gewohnheit nahelegt." Was brauche die Kirche jetzt an ihrer Spitze? Einen „cauto latino", einen von der lateinischen Kultur geprägten, vorsichtigen Hirten, einen „Buchhalter-Papst".

Messori, der Mitautor eines Papst-Bestsellers, verfügt über beste Kontake im Vatikan. Darum klang seine Behauptung, er gebe die vorherrschende Meinung „in den oberen Etagen" der kirchlichen Hierarchie wieder, recht glaubwürdig. Seit dem Erscheinen von Messoris Artikel in der Turiner „Stampa" hat sich die beschriebene Situation offenbar nicht geändert. Anfang Januar 2002 schrieb die große römische Zeitung „La Repubblicca", die Kampagne für einen italienischen Papst sei voll im Gang. Am Stichtag 1. Januar stellten die Italiener immerhin 22 der 129 Kardinäle. Und ein Teil von ihnen wirbt hinter den Kulissen angeblich eifrig für einen künftigen „Papa italiano".

Das mag man – etwa aus deutscher Sicht – als kleinkarierten Patriotismus abtun. Doch unbestritten ist dreierlei. Erstens ist die Kirche, alles in allem, mit den italienischen Päpsten der Neuzeit nicht schlecht gefahren. Zweitens böte ein „Papa italiano" gewisse, schon erwähnte Vorteile – besonders den, dass er wegen seiner Herkunft aus einer politischen „Mittelmacht" bei Weltkrisen leicht neutral bleiben könnte. Drittens werden die Konservativen und die Liberalen im nächsten Konklave vielleicht schnell einen Kompromiss suchen – und die Italiener hätten passable Kompromisskandidaten. Im übrigen scheinen die italienischen Kardinäle durchaus bereit zu sein, notfalls einen Anwärter aus dem spanisch-portugiesischen Sprachraum zu unterstützen, eben einen „cauto latino" möglichst mit Vatikan-Erfahrung.

„Totopapa" heißt in Italien das Ratespiel um die eventuellen Papst-Kandidaten. Dass dabei gleich mehrere Eminenzen aus dem eigenen Land genannt werden, liegt auf der Hand. Für unsere Betrachtung ist ausschlaggebend, dass man auch in internationalen Kirchenkreisen und der einschlägigen Publizistik vielfach auf einen Italiener tippt.

Favoriten und Geheimtipps

„Der hätte das Zeug zum Papst", hört man in Rom mitunter, wenn Kardinal X oder Y eine bedeutende, in die Zukunft weisende Rede gehalten hat. Mal sind es Konservative, mal Liberale. Mehrfach schon kursierten Namenslisten der „papsttauglichen" Eminenzen – Listen, die inzwischen überholt sind, weil die dort genannten Männer ihre virtuelle Favoritenrolle aus Alters- oder Gesundheitsgründen einbüßten. Wenn auch wir im folgenden eine solche Liste zusammenstellen, dann im vollen Bewusstsein, dass ein derartiges Unterfangen problematisch ist. Besonders deshalb, weil sich bis zum nächsten Konklave manches ändern kann. Dennoch ...

Nehmen wir also den Stichtag 1. Januar 2002 und erwähnen zunächst, in alphabetischer Reihenfolge, die am häufigsten genannten italienischen „papabili". Hohes internationales Ansehen genießt der Mailänder Erzbischof Carlo Maria Martini, die bedeutendste Persönlichkeit des italienischen Episkopats. Ein biblisch-spirituell ausgerichteter Oberhirte, hochgebildet, polyglott, souverän. Der Hoffnungsträger und Wunschkandidat der Progressiven. Doch gegen ihn sprechen mehrere Punkte. Den Konservativen ist Martini viel zu liberal. Sie würden es ablehnen, dass der Norditaliener eines Tages den Kardinalspurpur mit dem weißen Papstgewand vertauscht, dass also (wie man witzelt) aus dem „Martini rosso" ein „Martini bianco" wird. Außerdem gehört er dem Jesuitenorden an, der noch nie einen Papst stellte und dem nicht wenige in der Kirche misstrauen. Vor allem aber: Martini hat, weil er im Februar 75 Jahre alt wurde, bereits seinen Rücktritt als Mailänder Erzbischof eingereicht – er wird in Mailand abgelöst, rückt in den Hintergrund und wäre als Papstkandidat womöglich zu alt.

Weitere Namen, die man ins Spiel bringt? Da wäre Severino Poletto, der Oberhirte von Turin, ein ehemaliger Arbeiterpriester. Oder Giovanni Battista Re, lange Jahre Substitut im Staatssekretariat (also praktisch vatikanischer Innenminister) und seit dem Jahr 2000 Präfekt der Bischofskongregation, ein einflussreicher, tüchtiger Manager mit dem Spitznamen „Seine Effizienz". Oder Camillo Ruini, Generalvikar des Papstes für Rom und Präsident der italienischen Bischofskonferenz, ein „Zentralist", dem man trotz seiner Herzprobleme neuerdings wieder Chancen einräumt. Oder Dionigi Tettamanzi, Erzbischof von Genua, Kritiker der Globalisierung, aber zugleich ein Mann der Mitte und derzeit Favorit im italienischen „Totopapa".

Neben diesem Quintett aus Italien gehören noch ein paar weitere Europäer zum eventuellen Anwärterkreis. Etwa der Pariser Erzbischof Jean-Marie Lustiger, ein Mann jüdischer Abstammung, weshalb eine geistreiche Bemerkung besagt, mit ihm als Pontifex würde zum ersten Mal seit Jesus Christus wieder ein Jude die Führung der Christenheit übernehmen. Lustiger ist freilich schon 75 Jahre alt. Als „papabile" gilt im übrigen der liberale, reformgesinnte Brüsseler Erzbischof Godfried Danneels. Seine Erklärung, er habe keine Angst vor dem Papstamt, wird freilich als indirekte Eigenkandidatur gewertet – was ihm manche übelnehmen.

Unter den außereuropäischen Anwärtern für die Papst-Nachfolge stehen ein paar Lateinamerikaner vornan. Passend zu der Tatsache, dass auf diesem Subkontinent inzwischen ja die meisten Katholiken leben. „Papsttauglich" wäre zweifellos der Kolumbianer Dario Castrillon Hoyos. Er vereint pastorale Erfahrung, als langjähriger Bischof in seiner Heimat, mit vatikanischer Praxis, da er die Kleruskongregation leitet. Ein theologisch erzkonservativer, aber flexibler, sprachenkundiger Kardinal, der in Rom viele Freunde hat.

Wesentlich jünger als der 73jährige Kolumbianer ist Oscar Andres Rodriguez Maradiga, der liberale Oberhirte der Hauptstadt von Honduras. Dieser Salesianer hat Charisma, ist sozial engagiert und polyglott. Auf Grund seines Alters (59) räumt man ihm allerdings nur Chancen ein, wenn das Konklave erst in etlichen Jahren stattfinden sollte. Schließlich gehört zu den eventuellen Papst-Kandidaten auch ein Afrikaner: der Nigerianer Francis Arinze, 69, Präsident des Päpstlichen Rates für den interreligiösen Dialog. Er wird dem kleinen konzilsorientierten Flügel in der Kurie zugerechnet. Selbst wenn man ihn neuerdings oft „papabile" nennt, scheint die Zeit für einen schwarzafrikanischen Papst noch nicht reif zu sein. Weshalb seine Wahl eine Sensation wäre.

„Großwähler" auch aus Deutschland

Die deutsche Kirche, hieß es in den vergangenen Jahrzehnten oft, sei im Vatikan und im „Senat der Kirche" unterrepräsentiert. Das stimmte. Doch seit Anfang 2001 hat sich die Lage gründlich gewandelt – weil Johannes Paul II. bei der größten Kardinalsernennung der Kirchengeschichte auch vier deutsche Kleriker mit dem Purpur auszeichnete. Das geschah in zwei Etappen.

Zunächst, am 21. Januar, kündigte er unter anderem die Ernennung von Walter Kasper und Leo Scheffczyk an. Der damals 67-jährige „Ökumeniker" Kasper, einst Bischof der Diözese Rottenburg-Stuttgart und inzwischen Sekretär des Päpstlichen Rates für die christliche Einheit, rückte bald darauf zum Präsidenten dieses Gremiums auf – er wurde neben Joseph Ratzinger der zweite deutsche Kurienkardinal. Mit dem emeritierten Münchner Professor Leo Scheffczyk hingegen ehrte der Pontifex einen verdienten, 80-jährigen Theologen (der altersbedingt nicht mehr am nächsten Konklave teilnehmen kann).

Eine Woche nach jenem Januartag 2001 gab es einen überraschenden „Nachschlag", da Johannes Paul weitere sieben Namen nannte. Darunter auch den des Mainzer Oberhirten Karl Lehmann. Dass Lehmann trotz seiner Position als langjähriger Vorsitzender der Deutschen Bischofskonferenz nicht schon längst zum Kardinal gemacht worden war, hatte Verärgerung in deutschen Kirchenkreisen ausgelöst – man sprach von einer „Bestrafung" des liberalen, dem Vatikan nicht genehmen Mannes. Jetzt also wurden diese Kritiker besänftigt, Lehmann rückte auf. Aber wie zum Ausgleich erhob der Papst außer dem Liberalen Lehmann auch den konservativen Paderborner Bischof Johannes Joachim Degenhardt in den Kardinalsrang. Am 21. Februar, dem vatikanischen Fest der Cathedra Petri, der Petri-Stuhlfeier, überreichte der Pontifex den vier Deutschen und 40 weiteren neuen Kardinälen das rote Birett.

Seither ist die deutsche Kirche im Vatikan und besonders im Kreis der Papstwähler sehr stattlich repräsentiert. Nehmen wir wiederum den Stichtag 1. Januar 2002. „Germania" mit seinen 28 Millionen Katholiken stellt sieben Wähler (fünf Kardinäle, die Diözesen leiten, sowie zwei Kurienkardinäle). Brasilien hingegen mit seinen 130 Millionen Gläubigen stellt seit kurzem nur noch sechs.

Zwar gilt, aus den schon angeführten Gründen, zum jetzigen Zeitpunkt keiner der deutschen Purpurträger als Kandidat für die Papstnachfolge. Doch zumindest Joseph Ratzinger, der hoch angesehene und mächtige Präfekt der Glaubenskongregation, wird zu den so genannten „Großwählern" gerechnet, also zum kleinen Kreis jener Kardinäle, die im Konklave ein gewichtiges Wort mitreden werden. Freilich nur dann, wenn die Papstwahl in nicht allzu ferner Zeit stattfindet. Warum? Weil Ratzinger im April dieses Jahres 75 wird, also in fünf Jahren sein Wahlrecht verliert. Johannes Paul II. schätzt den konservativen Glaubenshüter, der theologisch mit ihm auf einer Linie liegt, sehr. Deshalb möchte er ihn an seiner Seite behalten. Wird Kardinal Ratzinger dennoch bald von seinem Präfektenamt, das er seit 21 Jahren innehat, zurücktreten und in den Ruhestand gehen? Wenn ja, würde dies vermutlich auch seinen Einfluss im Kardinalskollegium schmälern.

Progressive katholische Publizisten reihen neben Ratzinger bereits auch Lehmann und Kasper unter die „Großwähler" der Kardinalsrunde ein. Aber vielleicht ist da der Wunsch der Vater des Gedankens. Jedenfalls lässt sich, wenn man die Situation Anfang 2002 zu Grunde legt, der Einfluss dieser deutschen Purpurträger im Konklave schwer einschätzen. Beide Kardinäle sind ja Neulinge im „Senat der Kirche". Und bisher hat, was gar nicht verwundern kann, keiner von beiden soviel internationales Prestige wie seinerzeit der Wiener Erzbischof Franz König, der im Konklave vom Oktober 1978 (wie im 2. Kapitel dieses Buches beschrieben) bei der Wahl Karol Wojtyłas zum Papst die Fäden zog.

„Großwähler" wären im übrigen sicherlich einige Kurienmänner aus Italien und Spanien. Etwa der aus Piemont stammende vatikanische Staatssekretär Angelo Sodano, ein Zentralist, von dem es heißt, er würde selber gerne Papst. Oder der Spanier Eduardo Martinez Somalo, Präfekt der Ordenskongregation und derzeit Camerlengo der Heiligen Römischen Kirche, also jener Mann, der während der Sedisvakanz – der Zeit zwischen den Päpsten – die wichtigste Rolle spielt. Insgesamt überwiegen unter den Wählern die Konservativen. Doch die Mehrzahl der Konklaveteilnehmer wird sich hüten, einen Hardliner zu wählen, der die Kirche spalten würde. Deshalb dürfte ein „Mann der Mitte" die besten Chancen haben. Ein Kompromisskandidat, wenn man so will. Dies besagt keineswegs, dass es sich zwangsläufig um einen farblosen Würdenträger handeln würde.

Die Personen stehen für Optionen, für ein mehr oder minder klares Programm. Wie auch immer: Das Konklave wird weltweit höchste Aufmerksamkeit wecken. Die Suche nach einem Nachfolger für Johannes Paul II. ist weiterhin spannend. „Seit der Wahl des Polen Karol Wojtyła ist im Konklave alles, wirklich alles möglich", sagte der italienische Kurienkardinal Achille Silvestrini vor Jahren. Stimmt dies noch immer? An eine Sensation wie die im Oktober 1978 glaubt in Rom zwar kaum jemand. Aber die Papstwahl bleibt für Über-raschungen gut.

Abbildungsverzeichnis

dpa, Berlin: Titelbild
Bayrische Staatsbibliothek München: S. 26
KNA, Bonn: S. 25, 36, 39, 40, 43, 51, 55, 57, 59, 60, 61, 62, 65, 68, 79, 82, 86; Bildtafeln Teil II, 2-4
Osservatore Romano: Bildtafeln Teil I, 4; Bildtafeln Teil II, 1

Wir danken allen Inhabern von Bildrechten für die Abdruckerlaubnis.
Der Verlag hat sich darum bemüht, alle Inhaber von Bildrechten in Erfahrung zu bringen.
Für zusätzliche Hinweise sind wir dankbar.